中学校
3年分の英語が
教えられるほど
よくわかる

長沢寿夫
ながさわ としお

ベレ出版

はじめに

こんにちは。長沢寿夫(としお)です。

このたび、『中学校３年分の英語が教えられるほどよくわかる』というタイトルにぴったりの本を書かせていただくことができました。

これまで、私は120冊ほどの本を書いてきましたが、今回、まったくはじめての書き方をしています。

英語をマスターするためには、たくさんの文法的なことを身につける必要がありますが、この本では、何をどのように理解して覚えればよいのかをすべて「法則」にしてまとめています。

つまり、中学校で習う文法（ルール）をよりこまかく勉強しやすいように「法則」という形で学習者であるみなさんに提供しています。

また本書では、今までの英語の参考書にはまったくふれられていないようなことでも、学習者の立場に立って、ここが知りたいと思われることは「質問」と「答え」というかたちでくわしく説明してあります。

私は、これまで書いてきたどの本にも、私に直接質問できる質問券をつけてきました。その「質問」に対する「答え」を 30 年以上にわたり答えつづけたことで、みなさんがどのようなことでつまずくのかがよくわかりました。

その「答え」となるのが本書なのです。

みなさんは、この本を信じて英語の勉強をつづけてください。そして、知っておいてほしいのは、英語の力をつける一番よい方法は、英語の基本となる文法を理解してから、その文法が使われている例文を覚える、ということです。

もしあなたが、実際に教えておられる場合には、「法則」と書いてあるところだけをぱっと目を通していただけたら、どんな質問にもすぐにどう答えればよいかがわかるようになります。

とにかく、本書は、今までに出版されているどの本よりも、わかりやすく説明してあると私は思っています。

ぜひともこの本で、中学校で習う英語を理解して、教えられるぐらいの力を身につけていただけるように祈っております。

最後に、私の好きなことばを贈ります。

「独学には、土曜も日曜もない」

「よろこびをもって勉強すれば
よろこびもまたきたる」

長沢寿夫

中学校３年分の英語が教えられるほどよくわかる

もくじ

中学１年

中学２年

中学3年

発音のよみがなについて

① 発音の表記で〔・〕が出てきたら、「のみこむように発音する」か「発音しない」ようにすると英語らしい発音になります。
（例）morning〔モーニン・〕 but〔バッ・〕

② 〔ス〕〔トゥ〕のような読みが出てきたときは、〔スー〕〔トゥー〕という発音にならないように、〔スッ〕〔トゥッ〕のような表記をしてあります。
（例）English〔イングリッシッ〕 night〔ナーィトゥッ〕

③ f と v の音については、f を〔フ〕、v を〔ヴ〕と表記しています。
（例）fresh〔フゥレッシッ〕 live〔リヴッ〕

④ l の音は〔ラ〕〔リ〕〔ル〕〔レ〕〔ロ〕、r の音は〔ゥラ〕〔ゥリ〕〔ゥル〕〔ゥレ〕〔ゥロ〕と表記しています。
（例）like〔ラーイク〕 write〔ゥラーィトゥッ〕

⑤ th の発音は〔ざ〕〔じ〕〔ず〕〔ぜ〕〔ぞ〕で表記しています。

⑥ m は〔ム〕または〔ン〕、n が単語の最後にくるときの音は〔ンヌ〕と表記しています。

日本人の名前の表記について

今までは日本人の名前を英語で表記する場合、〔名＋姓〕で言うことがふつうでしたが、これからは、〔姓＋名〕で言うことにしたいという国の方針にしたがって、この本では〔姓＋名〕であらわすことにしました。

01　文のつくり方を覚えよう

英語を勉強しはじめたころに、私があまりわからなかった英語のシステムが、ある日をさかいにわかるようになった、その経験をもとに長沢式英語上達法を考えました。

英語では、まず「だれがどうした」を言います。
すると、疑問が生まれます。
そして、その疑問に答えると英語の並べ方になる、
「英語はことばのキャッチボールだ」の法則

英語を勉強したことがない人でも、私が考えた**英語はことばのキャッチボールだの法則**を使えば、日本語を英語に直すことができるようになります。

たとえば、次のような日本語があるとします。

「私はきのうこの本をここで買いました。」

この日本語を英語に直したいときに、１人２役で会話をしながら英語の並べ方を理解することができます。

「私はきのうこの本をここで買いました。」

私は買いました
〈何を買ったの〉
この本を
〈どこで買ったの〉
ここで
〈いつ〉
きのう

このように、１人２役で会話をすることで日本語を英語の並べ方にすることができるのです。

もしあなたが、英語の単語を知っていたら、今すぐにでも英語に直すことができます。

ためしに英語に直してみます。

私は買いました	I bought
〈何を〉	
この本	this book
〈どこで〉	
ここで	here
〈いつ〉	
きのう	yesterday

〔英語訳〕I bought this book here yesterday.

ここが知りたい

質問　英語では、なぜ「だれがどうした」をまず言うのですか。

答え  よい質問ですね。

英語では「だれがどうしたのか」「何がどうなのか」、肯定文（～がーです。）なのか、否定文（～がーではない。）なのか、疑問文（～はーですか。）なのかを、はじめの数単語でわかるように話すことばだからです。

英語に対して日本語では、最後まで聞かないと肯定文、否定文、疑問文のうちのどの文なのかもわかりません。

このような理由で、日本語を英語に直す練習をしながら勉強すると、英語の文の成り立ちがよくわかるようになるのです。

質問　もう１つ疑問に思うことがあります。

「私はきのうこの本をここで買いました。」の例で、「どこで」という疑問と「いつ」という疑問が生まれると説明がありましたが、人によってどちらの疑問が先にくるかがちがってくるのではないでしょうか。

答え  おっしゃる通りです。その疑問に対しては、次の法則で説明します。

「Come here now.」（来なさい。ここに今。）の法則

英語では、言いたいことをはじめに言うことで、だいたいの意味を相手に伝えることができます。

「Come here now.」（来なさい。ここに今。）の英文の場合、「来なさい。」と言うだけで、だいたいの意味が相手に伝わります。

ただもっとくわしく相手に自分の意志を伝えたいときに、つけくわえ（おまけ）のようなことば、文法用語でいう副詞を英文のあとからつけくわえていくだけで、いくらでも自分の言いたいことを相手に伝えることができます。

この **Come here now. の法則**があらわしているのは、

・ここに来なさい。	Come	here.
	来なさい〈どこに〉	ここに
・今、来なさい。	Come〈いつ〉	now.
	来なさい	今

これらの文では、here〔ヒアァ〕と now〔ナーゥ〕がつけくわえのことばの副詞のはたらきをしています。

この英文では、副詞のはたらきをすることばが２つきているので、どちらを先に置けばよいのかをまよいます。

そのようなときに **Come here now. の法則**を使います。

次のように理解してください。

〔言いたいこと＋場所をあらわす副詞（句）＋時をあらわす副詞（句）〕の順番に置く法則

力、トンボ、ツバメの法則

この法則は、[Come here now.] のときに、副詞（おまけ）のはたらきをすることばは、場所＋時がきたときとちがって、時の副詞がいくつかきたときにどのように並べればよいかを教える法則です。

英語も虫や鳥がどのようにして生きているかを考えることで、日本語を英語に直すことができるのです。

力はトンボに食べられる、そして、トンボはツバメに食べられる。つまり、小さいものが大きいものに食べられる。ということです。

このように考えると、次のような日本語を英語に直すことができるのです。

「私は、きのうの朝６時に直美さんに出会った。」

私は出会った　I met

〈だれに〉

直美　Naomi

〈いつ〉

きのうの朝６時に（　？　）

きのうの朝６時に

きのう　yesterday

朝に　in the morning

６時に　at six

（１）私は直美さんに出会った〈いつ〉きのう

（２）私は直美さんに出会った〈いつ〉朝に

（３）私は直美さんに出会った〈いつ〉６時に

この３つの日本語を１つにしたのが次の日本語です。

[私はきのうの朝６時に直美さんに出会った。]

私は出会った〈だれに〉直美さん〈いつ〉（　　？　　）
I met　　　Naomi

この（　？　）のところを、**カ、トンボ、ツバメの法則**を使って英語に直します。小さいものから大きいものに並べればよいので、次のようになります。

私は出会った〈だれに〉直美さんに＋６時 に
I met　　　Naomi　at six
〈いつの〉朝にある〈いつの朝〉きのう
in the morning　　yesterday.

次のようにも言えます。

I met Naomi at six yesterday morning.

前置詞＋名詞（句）＝副詞句の法則

[私は出会った〈だれに〉直美さんに]

ここまでで日本語の意味は完全にわかります。

ただし、もっとくわしく説明をしたいときには、つけくわえ（おまけ）のことばの副詞、または副詞句（句＝２語以上のかたまり）を置きます。

私は出会った〈だれに〉直美さんに〈いつ〉６時に
I met　　　Naomi　at six
〈いつの〉朝にある〈いつの〉きのう
in the morning　　yesterday.

「きのうの朝６時に」が副詞のはたらきをすることばです。

この中に出てきている

at + six　in + the morning　yesterday.

前置詞 + 名詞　前置詞 + 名詞　副詞

のようになり、すべてが副詞、または副詞句なのです。

前置詞は名詞の前に置く法則

at（〜に）、in（〜に、〜の中に）、on（〜にくっついて、〜の上に）、with（〜といっしょに）、by（〜のそばに）、near（〜の近くに）、to（〜へ）、under（〜の下に）などがおもな前置詞です。このような前置詞は名詞の前に置きます。

ここが知りたい

質問　なぜ前置詞は名詞の前に置くのですか。

答え

とてもよい質問ですね。

英語の考え方の根本理論を知れば、前置詞が名詞の前に置く理由がわかります。次のように理解してください。

英語は疑問が生まれるようなことばを先に置くことで、次に生まれるその疑問に答えて進む法則

この法則によって、前置詞を名詞の前に置く理由がわかります。
3つ例をあげて考えてみます。

（1）「東京タワーの近くにある私の家」
この日本語を英語に直したいときは、まず一番相手に伝えたいことを言います。
私の家〈どこにある〉近くにある〈何の〉東京タワー
my house near Tokyo Tower

（2）「あの机の上に」
上に〈何の〉あの机
on that desk

（3）「直美さんといっしょに」
いっしょに〈だれと〉直美さん
with Naomi

「～に」をあらわすとき、一時点ならば at、長い時間、または期間は in を使う法則

6時に　at six〔アッ・スィックッスッ〕
午前中に　in the morning〔イン　ざ　モーニン・〕
正午に　at noon〔アッ　ヌーンヌ〕
午後に　in the afternoon〔インずィ　エァフタヌーンヌ〕
夜中の12時に　at midnight〔アッ・ミッ・ナーィトゥッ〕
夕方に、夜に　in the evening〔イン　ずィ　イヴニン・〕
夜に　at night〔アッ・　ナーィトゥッ〕
春に　in spring〔イン　スプゥリン・〕

「〜に」と言いたいとき、特定の日や朝、昼、夜をあらわすときは on を使う法則

日曜日に　on Sunday〔オンサンデーィ〕

クリスマスの日に　on Christmas day〔オン　クゥリスマスッ　デーィ〕

12 月 1 日に　on December (the) first
〔オン　ディセンバァ（ざ）ファ〜ストゥッ〕

日曜日の夜に　on Sunday night〔オン　サンデーィ　ナーィトゥッ〕

ある晴れた日に　on a nice day〔オナ　ナーィスッ　デーィ〕

ここが知りたい

質問　「夜に」は at night、「夕方に」「夜に」は in the evening、同じ「に」なのになぜ at と in を使い分けているのですか。

答え  むずかしい質問ですね。次のように考えると覚えやすいでしょう。

night はねるための夜なので、at(アット)いう間にすぎる、the evening は、活動しているときの夜なので、時間的に長いと考えて in を使う法則

質問 「夜に」は at night ですが、日曜日の夜に は、on Sunday night のように at と on を使い分けているのはどういう理由ですか。

答え  **on には、特定の日、夜、昼、朝にという意味をあらわしているときに使える法則** があることから、**on +説明していることば+ night** となっているのです。

- ある暑い日に　on a hot day〔オナ　ハッ・　デーィ〕
- ある暑い夜に　on a hot night〔オナ　ハッ・　ナーィトゥッ〕

にをあらわすときは、一地点ならば at、広い場所なら in を使う法則

- 大阪駅に　at Osaka Station
- 大阪に　in Osaka
- 49番地に　at 49

特定の通りなどをあらわす「～に」と言いたいときは on を使う法則

- 青山通りに　on Aoyama Street

「～に」と言いたいとき、建物の場合は、一地点と考えれば at、「～の中に」の意味であれば in を使う法則

- 大阪駅で　at Osaka Station
- 大阪駅で〔の中で〕　in Osaka Station

「〜に」と言いたいとき、都市の場合は in だが、一地点と考えるときは at を使う法則

- 私は大阪に住んでいます。
  I live in Osaka.
- 私は神戸に行く途中に、大阪に寄った。
  I stopped at Osaka on my way to Kobe.

質問　「〜に」の意味があっても、in, on, at を使う必要がない場合はあるのですか。

答え  すばらしい質問です。次のような法則があります。

morning, evening などに、this, every, yesterday, tomorrow などがつくときには前置詞をつけない法則

- 午前中に　in the morning〔イン　ざ　モーニン・〕
- 今朝　this morning〔ずィスッ　モーニン・〕
- きのうの朝　yesterday morning〔いェスタデーィ　モーニン・〕
- 毎朝　every morning〔エヴゥリィ　モーニン・〕

質問　in the morning は、前置詞と名詞で、this〔yesterday, every〕morning は副詞のはたらきをしていることばになっているので、前置詞をつけることができないということですか。

答え  そういうことです。よく理解できていますね。

これだけは覚えましょう

前置詞が使えない副詞（句）

- ここに〔へ〕 here［ヒアァ］
- そこに〔へ〕 there［ぜアァ］
- あそこに〔へ〕 over there［オーゥヴァ ぜアァ］

last（すぐ前の）、next（次の）が名詞の前にくるときは the や前置詞はつけない法則

- きのうの夜 last night
- すぐ前の火曜日に last Tuesday
- 次の火曜日に next Tuesday
- 去年(きょねん) last year
- 来年 next year

next は現在を中心に「次の」という意味には the をつけないが、過去のある時を基準に「次の」という場合には the next ～とする法則

- また来年会いましょう。
  Let's meet again next year.
- 私はその次の日に直美さんと出会った。
  I met Naomi the next day.

ここをまちがえる

きのうの夜	last night〔レァス・ ナーィトゥッ〕
きのうの晩(ばん)	yesterday evening〔いェスタデーィ イヴニン・〕
きのうの朝	yesterday morning〔いェスタデーィ モーニン・〕
きのうの午後	yesterday afternoon〔いェスタデーィ エァフタヌーンヌ〕

練習問題

〔1〕次の下線の下の（　　　）に英語で並べる順番を書いてください。

① 私は　きのう　トニー君に　出会った。
（　　）（　　）　（　　）　（　　）

② 私は　毎日　ここに　来ます。
（　　）（　　）（　　）（　　）

③ 私は　朝　6時に　起きます。
（　　）（　　）（　　）（　　）

④ 私は　午後　1時に　昼食を　とります。
（　　）（　　）（　　）（　　）（　　）

⑤ 私は　毎日　そこへ　行きます。
（　　）（　　）（　　）（　　）

解答と解説

① （1）（4）（3）（2）

私は出会った〈だれと〉トニー君に〈いつ〉きのう

I met　Tony　yesterday.

② （1）（4）（3）（2）

私は来ます〈どこに〉ここに〈いつ〉毎日

I come　here　every day.

③ （1）（4）（3）（2）

私は起きます〈いつ〉6時に〈いつの〉朝にある

I get up　at six　in the morning.

④ （1）（5）（4）（3）（2）

私はとります〈何を〉昼食〈いつ〉1時に〈いつの〉午後にある

I eat　lunch　at one　in the afternoon.

⑤ （1）（4）（3）（2）

私は行きます〈どこへ〉そこへ〈いつ〉毎日
I go there every day.

〔2〕次の（　　　）に適語を入れてください。

「私はきのう京都のあるホテルにとまりました。」

〈語句〉とまった stayed〔ステーィドゥッ〕 きのう yesterday

私はとまりました〈どこに〉京都に
I stayed （ 1 ）Kyoto

私はとまりました〈どこに〉あるホテルに
I stayed （ 2 ）a hotel

私はとまりました〈いつ〉きのう
I stayed yesterday.

このように考えてから、ひとつの英文にします。

ここで、**カ、トンボ、ツバメの法則**を使います。

私はとまりました＋（ 3 ）＋（ 4 ）.
（小）（大）

最後に、**Come here now の法則**を使って、

（ 5 ）＋（ 6 ）の順番にすればよいのです。

〔英訳〕（ 7 ）.

解答

（1）in （2）at （3）あるホテルに

（4）京都にある （5）場所 （6）時

（7）I stayed at a hotel in Kyoto yesterday.

02 数えられる名詞と数えられない名詞を覚えよう

数えることができる名詞の最後に s または es をつけると2つ以上をあらわす法則

英語では、１つの名詞があるとき、１つなのか、２つ以上なのかを区別して a〔an〕＋名詞にするか、名詞 s〔es〕にする必要があります。特に、使い分けで注意が必要なのは次のような場合です。

「私はネコが好きです。」

I like ＋ a cat または cats のどちらかを答えにしなければなりません。ここで考えたいことは、１ぴきのネコだけを好きな人がいるのかということです。ふつうは２ひき以上のネコが好きなのに決まっているので、次のようにします。

I like cats.

このことから、次のような法則ができます。

like の次にくる名詞が数えられる名詞の場合には、s または es がくる法則

ただし、これにも例外があります。

スライスして食べるものには s[es]をつけず、丸ごと食べることができるときは、s[es]をつける法則

学校英語では、ほとんど習うことはありませんが次のように考えてください。

「私はスイカが好きです。」

スイカの場合、だいたいはナイフでいくつかに切って食べます。このことから、次のようにすればよいことがわかります。

I like watermelon.
アーィ ラーィクッ ウォータァメランヌ

例をあげて考えてみましょう。

「私はリンゴが好きです。」

リンゴは丸かじりで食べることもできることから、

I like apples.

とします。

にわとりは必ず肉として食べるので s をつけず、２羽のニワトリならば s をつける法則

（１）私は私の農場では２羽の＿リトリを飼（か）っています。

〈ヒント〉～を飼う　keep〔キープッ〕

この場合は、２羽のニワトリの映像が浮かぶことから、two chickens とすればよいことがわかります。

〔答え〕I keep two chickens on my farm.
アーィ キープッ チュー　チキンズッ オン マーィ ファームッ

（２）私はフライドチキンが好きです。

〈ヒント〉油であげられたニワトリの肉　fried chicken〔フゥラーィ・チキンヌ〕

〔答え〕I like fried chicken.

like の次に数えられない名詞、たとえば、野球、テニス、英語、音楽や液体（えきたい）のように数える必要がない英単語には s をつけなくてもよい法則

数える必要がないものは数えられない名詞なので s をつけません。

私はテニス好きです。　I like tennis.

私はミルクが好きです。　I like milk.
アーィ ラーィク ミオクッ

練習問題

〔１〕次の日本語を英語に直してください。

（１）私はピザが好きです。〈ヒント〉ピザ　pizza〔ピーツァ〕

（２）私はホットケーキが好きです。

〈ヒント〉ホットケーキ　hot cake〔ハッ・ケーィクッ〕

解答と解説

（１）I like pizza.　（２）I like hot cakes.

ピザの場合は、１つの大きいピザを切り分けて食べるので s をつけず、ホットケーキは同じ大きさのホットケーキを何枚も焼いて食べるので s をつけます。

〔2〕次の（　　　　）に適当な英語を入れてください。

（例）cat、cats、a cat

（1）私は英語が好きです。〈ヒント〉English〔イングリッシッ〕

I like （　　　　）.

（2）私はテニスが好きです。〈ヒント〉tennis〔テニスッ〕

I like （　　　　）.

（3）私はリンゴが好きです。〈ヒント〉apple〔エァポー〕

I like （　　　　）.

（4）私はイヌが好きです。〈ヒント〉dog〔ドーッグッ〕

I like （　　　　）.

（5）私は2ひきのイヌを飼（か）っています。

I have two （　　　　）.

（6）私はニワトリの肉が好きです。〈ヒント〉chicken〔チキンヌ〕

I like （　　　　）.

（7）私はレモンティーが好きです。

I like tea with （　　　　）.

解答と解説

（1）English　（2）tennis　（3）apples　（4）dogs

（5）dogs　（6）chicken　（7）lemon

（7）tea with a lemon にするとレモンが1個ついている紅茶で、tea with lemon にすると、うすく切られたレモンのついた紅茶、という意味になります。

03 冠詞（a）と定冠詞（the）の使い分けを覚えよう

どこにでもあるa〔an〕，１つしかないtheの法則

あなたが本屋に行ったとします。そこで、あなたがいきなり「本をください。」と言ったら、店員さんは何と言うでしょうか。

たぶん、「何の本ですか。」または「本の名前は何ですか。」とたずねられるでしょう。

つまり、「本をください。」の本は、いっぱいある本の中の１冊です。特別なものや決まったものではなく、単に１冊の本をさしています。

このように、たくさんある本の中のどれでもよい１冊の本、という日本語を英語であらわしたいときにaをbookの前につけるのです。

「これは本です。」をわかりやすく言いかえると、「これはいっぱいある本の中の１冊です。」という意味なので、英語に直すと

- This is a book.

となります。

対してtheは「１つしかない」という意味で使うので、「これがその本です。」となります。もっとよくわかる日本文にすると「これが１冊しかない本ですよ。」という意味なので、１つしかないというtheを使って英語に直して、

- This is the book.

となるのです。

- トニー君は英語の先生です。

これを、もっとよくわかる日本文に言いかえると、

「トニー君はどこにでもいるような英語の先生です。」

となることから、次のような英語に直すことができます。

- Tony is an English teacher.

- トニー君は英語の先生の鏡（かがみ）です。

これを、次のような日本文に言いかえるとわかりやすいと思います。

「トニー君はどこにでもいるような英語の先生ではありません。」

つまり、「トニー君は1人しかいないような英語の先生です。」となる次のような英文になります。

- Tony is the English teacher.

練習問題

次の日本文を英文にしてください。

（1）私はこの学校の教師です。

〈ヒント〉この学校の　at this school

私は教師です＋この学校にいる

（2）私はこの学校の校長です。

〈ヒント〉この学校の　of this school　校長　principal〔プゥリンスィポー〕

私は校長です＋この学校にいる

解答と解説

（1）I am a teacher at this school.

（2）I am the principal of this school.

（1）の日本文をよくわかる日本文で言いかえると、
「私はどこにでもいるような教師です＋この学校にいる」
と考えることができるので、
I am a teacher at this school.

（2）の日本文をよくわかる日本文で言いかえると、
私は１人しかいない校長です＋この学校にいる
I am the principal of this school.

ここが知りたい

質問　なぜ「この学校にいる」の日本語を英語に直すときに、at と of を使い分けるのですか。

答え  次のように考えるとよいと思います。

I am a teacher　＋　at this school.
私は先生をしています　この学校で
I teach　　＋　　at this school.
私は教えています　この学校で

一地点をあらわす at を使っていると考えてください。

I am the principal　＋　of this school
私は校長です　この学校で責任をもっている

所有の意味の of を使っていると考えてください。

the 〜 のときは所有の of、a 〜 のときは一地点の at の法則

相手にだれか〔何か〕がわかるとaなし、わからないときはa＋名前の法則

（例１）

薫（かおる）：「どこにおつとめですか。」“Who do you work for?”

悟朗（ごろう）：「ソニーです。」“Sony.”

２人の会話のやりとりはよく通じています。

つまり、Sony. と言っただけで薫さんの話が完全に通じているので、a Sony にはならないのです。

もし a Sony にすると、ソニーの製品という意味になります。

（例２）

〔受付の人〕「和田さんという女性があなたに会いに来られましたよ。」

“A Ms. Wada came　　　　to see you.”

和田さんという女性が来ましたよ　あなたに会うために

この会話の中で、和田さんという女性がと言っていることから、受付の人は、どこの和田さんかがわからないことから a Ms. Wada となっています。

〔受付の人〕和田薫さんがあなたに会いに来られましたよ。

“Ms. Wada Kaoru came to see you.”

名字と名前がわかっているということは、だれであるかがはっきりわかっているので、a がつかないのです。

練習問題

次の名詞の前にa〔an〕または冠詞a〔an〕が必要ではないときは×を〔　　　〕に入れてください。

（1）和田さん　〔　　　　〕

（2）和田さんという人　〔　　　　〕

（3）和田薫さん　〔　　　　〕

（4）この本　〔　　　　〕

（5）ある１冊の本　〔　　　　〕

（6）私の１冊の本　〔　　　　〕

（7）丹波篠山　〔　　　　〕

（8）東京タワー　〔　　　　〕

解答と解説

（1）×　（2）a　（3）×　（4）×

（5）a　（6）×　（7）×　（8）×

（5）の「ある１冊の本」は、どの本のことをさしているかがわからないので、a bookとなります。

（6）「私の１冊の本」は、１冊の本であってもだれの本かがわかっているのでmy bookになり、a my bookとすることはできません。

04 be動詞の使い方を覚えよう

主語の次に動詞がきていない場合は、I am／You are、1人 is／2人以上 are の法則

- 私はいそがしい。　I am busy.
- あなたはいそがしい。　You are busy.
- あなたのお父さんはいそがしい。　Your father is busy.（Your father：1人）
- 私たちはいそがしい。　We are busy.（We：2人以上）

日本文を英文に言いかえるとき、動詞がないときはbe動詞を主語の次に置いて、動詞があるときは主語の次に動詞を置く法則

- 私は走る。　I run.
- 私は走っている。　I am running.
- 私は背が高い。　I am tall.

日本語で考えてウ段で終わっている動作（どうさ）　または状態が長く続いている場合は、英語の動詞を使う法則

（1）私は走る。

hashiru〔ウ段で終わっていて、動作をあらわしている動詞〕

I run.

（2）私は和田あおいさんを知っています。〔知っている状態が長く続いている動詞〕

I know Wada Aoi.

（3）私は背が高い。〔状態をあらわしている形容詞〕

I am tall.

（4）私は走っています。〔一時的な状態をあらわしている形容詞〕

I am running.

ここが知りたい

質問　日本語では、１つの文が今のことをあらわしているときと、習慣をあらわしている場合があります。

答え  日本語の特徴をよく理解していますね。

- 私は英語を教えています。〔一時的な状態の場合〕

I am teaching English.

過去のことをあらわしたいときは、am と is を was、are を were にすればよい法則

- 私はいそがしい。　I am busy.
- 私はいそがしかった。　I was busy.
- 私の父はいそがしい。　My father is busy.
- 私の父はいそがしかった。　My father was busy.
- あなたはいそがしい。　You are busy.
- あなたはいそがしかった。　You were busy.
- 私たちはいそがしい。　We are busy.
- 私たちはいそがしかった。　We were busy.

ここが知りたい

質問　なぜ am と is が was、are が were になっているのですか。

答え

理由はいろいろありますが、次のように覚えておくとよいでしょう。

w で過去のことをあらわし、am ＋ is ＝ w ＋ amis となり、mi を消すと was になる法則

英語では w が過去をあらわすことがあります。

〔w〕　＋　amis〔as〕＝〔was〕

過去をあらわす　mi を消す

w で過去をあらわし、are を ere にかえると were になる法則

ここが知りたい

質問　なぜ are が ere になっているのですか。

答え

次のように考えましょう。

are は〔ɑːr〕〔アー〕と口を大きく開けて発音します。

were は〔wəːr〕〔ワ～〕と口を小さく開けて発音します。

are のままだと口を大きく開けた音になるので、小さい口で発音する ere にかえたと覚えておくとよいと思います。

ただし、これは学問的な答えではありません。

練習問題

次の日本語を英語にしてください。

（1）私は毎日走っています。〔習慣〕

〈ヒント〉毎日 every day〔エヴゥリィ デーィ〕　走っている run〔ゥランヌ〕

（2）私は今走っています。〔一時的に〕

〈ヒント〉今 now　〔ナーゥ〕　走っている　running〔ゥラニン・〕

（3）私はいそがしい。〈ヒント〉いそがしい busy〔ビズィ〕

（4）私はきのういそがしかった。

〈ヒント〉きのう yesterday　〔いェスタデーィ〕

（5）あなたはきのういそがしかった。

（6）私の父はきのうとてもいそがしかった。

〈ヒント〉とても very〔ヴェゥリィ〕

解答と解説

（1）I run every day.　（2）I am running now.

（3）I am busy.　（4）I was busy yesterday.

（5）You were busy yesterday.

（6）My father was very busy yesterday.

毎日 every day、今　now、きのう yesterday は、おまけ（副詞的なはたらきをすることば）なので、文の最後に置いてください。

母音〔ア、イ、ウ、エ、オ〕の前なら an、そうでなければ a の法則

- apple〔エァポー〕リンゴ
- English〔イングリッシッ〕英語の
- egg〔エッグ〕たまご
- honest〔アネストゥッ〕（アメリカ発音）正直な
- honest〔オネストゥッ〕（イギリス英語）正直な
- old〔オーゥオドゥ〕古い

（注意） honest の h は発音しません。

- これはリンゴです。This is an apple.
〔ずィスィザ　ネァポー〕
- これは古いリンゴです。This is an old apple.
〔ずィスィザ　ノーゥオデァポー〕
- 藤田さんは正直な先生です。Ms. Fujita is an honest teacher.
〔ミズ　フジタ　イザ　ナネス・ティーチァ〕

となりあわせた音がローマ字になるときは、ローマ字読み、そうでないときは前の音を読まない法則

an apple ＝ a〔ア〕＋ napple〔ネァポー〕
an old apple ＝ a〔ア〕＋ nol dapple〔ノーゥオデァポー〕
an honest teacher ＝ a〔ア〕＋ nhonest teacher
〔ナネスッ・ティーチァ〕

（注意） tt がローマ字になっていないので、前の t を発音せずに２つめの t から発音します。

練習問題

次の（　　　）に a または an を入れてください。

（1）これはたまごです。〈ヒント〉たまご　egg〔エッグッ〕

This is（　　　）egg.

（2）これは古いたまごです。

This is（　　　）old egg.

（3）これは生みたてのたまごです。〈ヒント〉新鮮（しんせん）な　fresh〔フゥレッシッ〕

This is（　　　）fresh egg.

（4）これはおもしろい本です。〈ヒント〉おもしろい〔インタゥレスティン・〕

This is（　　　）interesting book.

（5）あれはワシです。

That is（　　　）eagle.〈ヒント〉〔イーゴー〕

（6）トニー君は英語の先生です。

(a) Tony is（　　　）teacher of English.

(b) Tony is（　　　）English teacher.

（7）横田先生は正直な英語の先生です。

Ms. Yokota is（　　　）honest English teacher.

解答と解説

（1）an　（2）an　（3）a　（4）an　（5）an

（6）(a) a　(b) an　（7）an

（6）English teacher は、English をより強く発音してください。

（7）の honest は、h から始まっていますが、発音が〔オ〕、または〔ア〕から始まるので、an になります。

theの読み方には2種類あり、ふつうは〔ざ〕、母音の前なら〔ずィ〕の法則

ここをまちがえる

地球　the earth〔ずィ　ア～す〕

その年　the year〔ざ　いャァ〕

ここが知りたい

質問　This is a pen. を〔アペンヌ〕と習いますが、a pen〔エーィペンヌ〕と発音するとまちがいですか。

答え  するどい質問ですね。次のように覚えておきましょう。

aの読み方には2種類あり、英文をふつうに読むと〔ア〕、英文を1語1語ていねいに読むと〔エーィ〕の法則

これはペンです。

This is a pen.〔ずィスィ ざペンヌ〕

This is a pen.〔ズィスッ　イズッ　エーィ　ペンヌ〕

05 疑問文と否定文のつくり方を勉強しよう

主語の次に be 動詞がないときは、必ず動詞がくる法則

- You are busy.（あなたはいそがしい。）
  be 動詞
- You walk.（あなたは歩く。）
  動詞
- Tony is busy.（トニーはいそがしい。）
  be 動詞
- Tony walks.（トニーは歩く。）
  動詞

be 動詞の is がくるときと動詞の walks がくるときは、主語は必ず１人である法則

- Tony is busy.（トニーはいそがしい。）
- Tony walks.（トニーは歩く。）

be 動詞の am、are がくるときと動詞の walk がくるときは、主語は I、you または２人以上である法則

- I am busy.（私はいそがしい。）
- We are busy.（私たちはいそがしい。）
- You are busy.（あなた〔たち〕はいそがしい。）
- I walk.（私は歩く。）
- We walk.（私たちは歩く。）
- You walk.（あなた〔たち〕は歩く。）

英文は、be 動詞タイプと、動詞タイプに分かれる法則

〔be 動詞タイプ〕	〔動詞タイプ〕
私はいそがしい。	私は歩く。
I am busy.	I walk.
あなたはいそがしい。	あなたは歩く。
You are busy.	You walk.
トニーはいそがしい。	トニーは歩く。
Tony is busy.	Tony walks.
私たちはいそがしい。	私たちは歩く。
We are busy.	We walk.

日本文の中に動詞（体の一部が動いて最後がウの段で終わるもの）があるときは、動詞タイプである法則

- 私は歩く。－足が動く
  aruku
- 私は走る。－足が動く
  hashiru
- 私は食べる。－口が動く
  taberu

このことから、歩く walk〔ウォークッ〕、走る run〔ウランヌ〕、食べる eat〔イートゥッ〕は動詞であることがわかります。

主語と動詞の間にきている単語があれば、それは助動詞だの法則

（1）I　swim.（私は泳ぐ。）
　　私は　泳ぐ

（2）I can　swim.（私は泳ぐことができる。）
　　主語　　　動詞

（2）の例文は、I（主語）＋ can ＋ swim（動詞）. で主語と動詞の間に can がきていることから、can を助動詞と呼びます。

助動詞は、動詞を助けて、否定文と疑問文をつくるときに役立ちます。

（1）（2）not ＋ 動詞は否定文、（2）（1）＋ 動詞？　は疑問文だの法則

You can swim.　あなたは泳ぐことができる。

〔否定文〕You cannot swim.　あなたは泳げない。

〔疑問文〕Can you swim?　あなたは泳げますか。

（1）（2）not の（1）のところに主語、（2）のところに be 動詞があるとき（2）と（1）の順番に並べて not を消すと疑問文になる法則

You are not busy.（あなたはいそがしくない。）
（1）（2）

Are you busy?（あなたはいそがしいですか。）
（2）（1）

（1）（2）not の（1）のところに You、（2）のところに be 動詞がないときは do を入れると否定文になる法則

You be 動詞がない study.（あなたは勉強します。）
（1）（2）

You do not study.（あなたは勉強しません。）
（1）（2）

（1）（2）not の（1）のところに主語、（2）のところに do または does があるとき、（2）（1）の順番に並べて not を消すと疑問文になる法則

（例１）

You do not study.（あなたは勉強しません。）
（1）（2）

Do you study?（あなたは勉強しますか。）
（2）（1）

（例２）

Tony does not study.（トニーは勉強しません。）
（1）（2）

Does Tony study?（トニーは勉強しますか。）
（2）（1）

疑問文の場合、主語が１人のとき、be 動詞タイプでは is からはじめ、動詞タイプでは does からはじめて動詞の原形(動詞の s のない形)にする法則

〔be 動詞タイプ〕

- トニーはいそがしい。
  Tony is busy.
- トニーはいそがしいですか。
  Is Tony busy?

〔動詞タイプ〕

- トニーは散歩します。
  Tony walks.
- トニーは散歩しますか。
  Does Tony walk?

疑問文の場合、主語が you または２人以上のとき、be 動詞タイプでは are、動詞タイプでは do からはじめる法則

- あなたはいそがしい。
  You are busy.
- 彼らはいそがしいですか。
  Are they busy?
- あなたは散歩をします。
  You walk.
- 彼らは散歩しますか。
  Do they walk?

You swim. ＝ You do swim.
Tony swims. ＝ Tony does swim. は（１）（２）＋動詞
なので否定文と疑問文がかんたんにつくれる法則

- You swim.（あなたは泳ぐ。）
- You do swim.（あなたが泳ぐというのは本当ですよ。）
- You do not swim.（あなたは泳がない。）
  （１）（２）
- Do you swim?（あなたは泳ぎますか。）
  （２）（１）

- Tony swims.（トニーは泳ぐ。）
- Tony does swim.（トニーが泳ぐというのは本当ですよ。）
- Tony does not swim.（トニーは泳ぎません。）
  （１）　（２）
- Does Tony swim?（トニーは泳ぎますか。）
  （２）　（１）

do と does は、「～するというのは本当ですよ」、または「本当に～する」の法則

この例文で覚えておきましょう

- I do want to go but I'm too busy.

（私は本当に行きたいのですが、私はいそがしすぎて無理なんですよ。）

〔語句〕want to〔ワン・トゥ〕～したい　go〔ゴーゥ〕行く　but〔バッ・〕しかし
too〔チュー〕～しすぎて無理　busy〔ビズィ〕いそがしい

助動詞の次に動詞がきているときは、
動詞の原形（動詞の s のない形）がくる法則

- Tony swims.（トニーは泳ぐ。）
- Tony does swim.（トニーは本当に泳ぐ。）

動詞の前にある do と does は、必ず強く言う法則

- Tony DOES swim.（トニーは本当に泳ぐ。）
- I DO swim.（私は本当に泳ぐ。）

I am,　You are,　Tony is のような be 動詞は
否定文と疑問文では、助動詞のはたらきをしている法則

- You are busy.（あなたはいそがしい。）
- You are not busy.（あなたはいそがしくない。）
  （1）（2）
- Are you busy?（あなたはいそがしいのですか。）
  （2）（1）

解説します。

（2）のところにきている be 動詞だけではなく、can, do, does はすべて助動詞のはたらきをしているので、否定文と疑問文をつくることができます。

do, does, can や be 動詞を強く読むと、「〜するのは本当だ」または「本当に」をあらわすことができる法則

- I do swim.（私は本当に泳ぐ。）
- I can swim.（私は本当に泳げる。）
- I am busy.（私は本当にいそがしい。）

I am busy. の am を強調しているのを書きことばであらわしたいときは、I AM busy. のように書くとよい法則

- I am busy.（私はいそがしい。）
- I AM busy.（私は本当にいそがしい。）

〈コミュニケーションのための情報〉

do, does, be 動詞を強調する方法をうまく使うととても便利です。英語がペラペラの人はこの法則をよく使います。

習慣をあらわしていると動詞、そのときだけのことをあらわしていると〔be 動詞＋動詞の ing 形〕の法則

私は英語を勉強しています。〔習慣〕

I study English.

私は英語を勉強しています。〔今〕

I am studying English.

習慣で「〜している」をあらわしたいときは、**動詞**

今「〜している」をあらわしたいときは **be 動詞＋動詞の ing 形**

be 動詞のところに is, am, are がきているときは、この文のパターンを文法用語で**現在進行形**と呼びます。

練習問題

〔1〕次の英語を否定文と疑問文にしてください。

（1）You are busy.（あなたはいそがしい。）

(否定文) ____________________

(疑問文) ____________________

（2）Tony walks.（トニーは散歩します。）

(否定文) ____________________

(疑問文) ____________________

（3）You walk.（あなたは散歩します。）

(否定文) ____________________

(疑問文) ____________________

解答と解説

（1）(否定文) You are not［aren't］busy.

(疑問文) Are you busy?

（2）(否定文) Tony does not［doesn't］walk.

(疑問文) Does Tony walk?

（3）(否定文) You do not［don't］walk.

(疑問文) Do you walk?

〈語句解説〉
are not = aren't〔アーントゥッ〕
does not = doesn't〔ダズントゥッ〕　do not = don't〔ドーゥントゥッ〕

〔2〕次の英語を否定文と疑問文にしてください。

You can swim.（あなたは泳げる。）

(否定文) ____________________

(疑問文) ____________________

解答と解説

(否定文) You can not〔cannot／can't〕swim.

(疑問文) Can you swim?

can not には３種類の書き方があります。

(読み) can't〔キャントゥッ〕

〔3〕次の（　　）に正しい動詞、または be 動詞の変化を書いてください。

（1）Naomi (　　　　). (直美さんは散歩します。)

（2）I (　　　　). (私は散歩します。)

（3）We (　　　　) busy. (私たちはいそがしい。)

（4）Naomi (　　　　) busy. (直美さんはいそがしい。)

（5）Tony can (　　　　). (トニー君は泳げます。)

解答と解説

（1）walks　（2）walk　（3）are　（4）is　（5）swim

(注意) can は助動詞なので、動詞には s をつけられません。

〔4〕次の英語を日本語に直してください。

（1）I do swim.

（2）I AM busy.

解答と解説

（1）私は本当に泳ぎます。〔私が泳ぐのは本当ですよ。〕

（2）私は本当にいそがしい。〔私がいそがしいのは本当ですよ。〕

I am の AM が大文字にしてあるのは、強調していることを伝えるためです。

動詞の単語の最後に es をつけるときは、s(スッ)、sh(シッ)、ch(チッ)、x(クッスッ)、o(オーゥ)で終わる法則

- ～を洗う　wash〔ワッ シッ〕－ washes〔ワッ シィズ〕
- ～を（じっと）見る　watch〔ワッ チッ〕－ watches〔ワッチィズ〕
- 行く　go〔ゴーゥ〕－ goes〔ゴーゥ ズ〕

動詞の単語の最後が y で終わっているときは、y を i に変えて es をつける。ay がきていないときに限る法則

- （～）を勉強する　study〔スタディ〕－ studies〔スタディズ〕

ここをまちがえる

- 遊ぶ　play〔プレーィ〕－ plays〔プレーィ ズッ〕
- とどまる　stay〔ステーィ〕－ stays〔ステーィ ズッ〕

動詞に ing をつけると、動詞ではなく形容詞になるので、主語の次に be 動詞が必要になる法則

- 私は今英語を勉強しています。

I am studying English (now).

動詞の最後に e があるときは、e を消して ing をつける法則

- （〜を）つくる　make〔メーィクッ〕− making〔メーィキン・〕（k ク ／ k キ）
- 来る　come〔カム〕− coming〔カミン・〕（m ム ／ m ミ）

e を消す理由は e を発音していないからです。

動詞の最後の文字の前に母音（ア、イ、ウ、エ、オ）が１つあるときは、最後の文字を重ねて ing をつける法則

- 走る　run〔ウランヌ〕− running〔ウラニン・〕（u ア）
- 泳ぐ　swim〔スウィムッ〕− swimming〔スウィミン・〕（i イ）

ing の最後の g の音は、鼻（はな）から息（いき）をぬきながらグ〔ク゚〕と発音する法則

この本では、〔・〕でク゚をあらわしています。もし発音がむずかしい人は発音しないようにするとよいでしょう。

日本語〔にほんこ゚〕　悟朗〔コ゚ロウ〕

単語の最後、または途中（とちゅう）にくる「がざぐげご」は、カ゚キ゚ク゚ケ゚コ゚と鼻にかかったやわらかい音で、単語の最初にくる「がぎぐげご」は、ふつうの発音のかたい「がぎぐげご」になります。

練習問題

〔1〕次の動詞に ing をつけてください。

（1）走る　run〔ゥランヌ〕→（　　　　）

（2）泳ぐ　swim〔スーゥイムッ〕→（　　　　）

（3）止まる　stop〔スタッ プッ〕→（　　　　）

（4）始まる　begin〔ビギンヌ〕→（　　　　）

（5）〜をつくる　make〔メーイ クッ〕→（　　　　）

（6）〜を書く　write〔ゥラーィ トゥッ〕→（　　　　）

（7）来る　come〔カムッ〕→（　　　　）

（8）行く　go〔ゴーゥ〕→（　　　　）

（9）遊ぶ　play〔プレーィ〕→（　　　　）

（10）読み　read〔ゥリードゥッ〕→（　　　　）

解答と解説

（1）running　（2）swimming　（3）stopping

（4）beginning　（5）making　（6）writing

（7）coming　（8）going　（9）playing

（10）reading

（1）から（4）までは（run）〔ア〕，swim〔イ〕stop〔アまたはオ〕。begin〔イ〕のようにア、イ、ウ、エ、オが1つずつ最後の文字の前にあるので、最後の文字を重ねて ing。

（5）から（7）までは e で終わっているので、e を消して ing をつけています。

（8）から（10）は、go〔オーゥ〕，play〔エーィ〕，read〔イー〕のようにオとウ、エとイ、イとイとなっているので ing をつけます。

〔2〕次の動詞に s または es をつけてください。

（1）〜をじっと見る　watch〔ワッチッ〕→（　　　　）

（2）行く　go〔ゴーゥ〕→（　　　　）

（3）洗う　wash〔ワッシッ〕→（　　　　）

（4）来る　come〔カムッ〕→（　　　　）

（5）走る　run〔ゥランヌ〕→（　　　　）

（6）歩く　walk〔ウォークッ〕→（　　　　）

（7）勉強する　study〔スタディ〕→（　　　　）

（8）滞在する　stay〔ステーィ〕→（　　　　）

（9）遊ぶ　play〔プレーィ〕→（　　　　）

解答と解説

（1）watches　（2）goes　（3）washes

（4）comes　（5）runs　（6）walks

（7）studies　（8）stays　（9）plays

（1）チッで終わっている、（2）o で終わっている、（3）シッ で終わっている場合は、es をつけるという法則があるので、es がつきます。

（7）は y（イ）で終わっているので y を i に変えて es ですが、（8）と（9）は ay（エーィ）で終わっているので s をつけるだけです。

Yes. と No. で答えられない疑問文の場合は、「疑問詞（一番たずねたいこと）＋疑問文？」にする法則

〔be 動詞タイプ〕

あなたはいそがしいです。　You are busy.

あなたはいそがしいですか。　Are you busy?

あなたはいついそがしいですか。　When ＋ are you busy?

（いつ：疑問詞）　（When：疑問詞）（are you busy?：疑問文）

あなたはなぜいそがしいのですか。　Why ＋ are you busy?

（なぜ：疑問詞）　（Why：疑問詞）（are you busy?：疑問文）

〔動詞タイプ〕

あなたは散歩をします。　You walk.

あなたは散歩をしますか。　Do you walk?

あなたはいつ散歩をしますか。　When ＋ do you walk?

（いつ：疑問詞）　（When：疑問詞）（do you walk?：疑問文）

あなたはなぜ散歩をするのですか。　Why ＋ do you walk?

（なぜ：疑問詞）　（Why：疑問詞）（do you walk?：疑問文）

ここが知りたい

質問　疑問詞にはどのようなものがあるのですか。

答え　　Yes. No で答えることができないものが疑問詞にあたると考えてください。

これだけは覚えましょう

（１）いつ　when〔ウエンヌ〕

（２）どこで　where〔ウエアァ〕

（３）だれが　who〔フー〕

（４）だれに〔を〕　whom〔フームッ〕　ただし、最近では who を使う人が多い。

（５）どのようにして　how〔ハーゥ〕

（６）どれくらいの量の　how much〔ハーゥ マッチッ〕

（７）どれくらいの数の　how many〔ハーゥ メニィ〕

（８）いくら　how much〔ハーゥ マッチッ〕

（９）何冊の本　how many books〔ハーゥ メニィ ブックスッ〕

（10）何時間　how many hours〔ハーゥ メニィ アーゥァズッ〕

（11）何年　how many years〔ハーゥ メニィ いゃァズ〕

（12）何時　what time〔ワッ・ターィムッ〕

（13）どれくらい長い、いつから　how long〔ハーゥ ローン・〕

（14）どれくらい高い　how high〔ハーゥ　ハーィ〕

（15）どれくらい背が高い　how tall〔ハーゥ　トーオ〕

（16）どれくらい広い　how wide〔ハーゥ ワーィ ドゥッ〕

（17）何才　how old〔ハーゥ オーゥ オドゥッ〕

（18）なぜ　why〔ワーィ〕

（19）何、どんな　what〔ワッ・〕

（20）どちらが、どららを、どちらの　which〔ウィッチッ〕

（21）だれの、だれのもの　whose〔フーズッ〕

練習問題

〔1〕次の日本語を英語に直してください。

（1）あなたはどこに住んでいますか。〈ヒント〉住んでいる　live〔リヴッ〕

（2）あなたはここに住んでいるのですか。

（3）あなたはなぜここに住んでいるのですか。
〈ヒント〉ここに　here〔ヒアァ〕

（4）あなたは何時に起きますか。〈ヒント〉起きる　get up〔ゲタッ プッ〕

（5）あなたは何時間ねますか。〈ヒント〉ねむる　sleep〔スリープッ〕

（6）あなたは何時にねますか。
〈ヒント〉床（とこ）につく、ベッドに入る　go to bed〔ゴーゥ　トゥ　ベッドゥッ〕

解答と解説

（1）Where do you live?
（2）Do you live here?
（3）Why do you live here?
（4）What time do you get up?
（5）How many hours do you sleep?
（6）What time do you go to bed?

sleep はねむっている状態をあらわしていますが、go to bed は床につく〔ねる〕という動作をあらわしています。

〔2〕次の日本語を英語に直してください。

（１）あなたは毎日いそがしいですか。

〈ヒント〉毎日　every day〔エヴゥリィ　デーィ〕

____

（２）あなたはいついそがしいですか。

____

（３）あなたはなぜ毎日いそがしいのですか。

____

（４）あなたは毎日何時間勉強しますか。

____

解答と解説

（１）Are you busy every day?

（２）When are you busy?

（３）Why are you busy every day?

（４）How many hours do you study every day?

every day（毎日）はおまけ（つけくわえのことば）なので、英文の最後においてください。

06　疑問詞＋疑問文？のなりたちを理解しよう

how ＋形容詞でどれぐらい〜をあらわす法則

- どれぐらい古い　how old〔ハーゥ　オーゥオドゥッ〕
- どれぐらい年をとっている　how old
- どれぐらい背が高い　how tall〔ハーゥ　トーオ〕
- どれぐらい高い　how high〔ハーゥ　ハーイ〕
- どれぐらい深い　how deep〔ハーゥ　ディープッ〕
- どれぐらい長い　how long〔ハーゥ　ローン・〕
- どれぐらいはばが広い　how wide〔ハーゥ　ワーィドゥッ〕
- どれぐらい寒い　how cold〔ハーゥ　コーゥオドゥッ〕
- どれぐらい熱い〔暑い〕　how hot〔ハーゥ　ハッ・〕

「何才ですか＋あなたは？」は、How old are ＋ you? になる法則

このパターンに当てはめると、「どれぐらい〜」のパターンをすべて日本語から英語に訳すことができます。

〔公式〕

何才ですか　＋　あなたは？

How old are　　you?

（例）

（１）あなたはどれぐらい背が高いですか。

どれぐらい背が高いですか＋あなたは

How tall are you?

（２）このビルはどれぐらいの高さがありますか。

〈ヒント〉ビル building〔ビオディン・〕

どれぐらい高いのですか＋このビルは

How high is ＋ this building?

ここをまちがえる

日本語のビルということばと、building は意味がちがいます。

私たちが思っているビルだけではなく、木造の一戸建ても building なのです。

どれぐらい長い＝どれぐらいの長さ、と考えることができる法則

● このロープはどれぐらいの長さがありますか。

〈ヒント〉ロープ rope〔ゥ ローゥ プッ〕

どれぐらい長いのですか＋このロープ

How long is ＋ this rope?

寒いときには how cold、暑いときには how hot で、温度を聞くときに使える法則

「温度はどれぐらいありますか。」

〔寒いときに温度をたずねるとき〕

- どれぐらい寒いですか ＋ まわりの温度？

  How cold is ＋ it?

〔暑いときに温度をたずねるとき〕

- どれぐらい暑いですか ＋ まわりの温度？

  How hot is ＋ it?

How old は、「〜ができてからどれぐらいたつ」かをたずねるときに使える法則

- あなたのビルはどれぐらいたっていますか。

  How old is your building?

- あなたの赤ちゃんは生後何か月ですか。

  How old is your baby?

- あなたの会社は創立何年になりますか。

  How old is your company?

〔単語〕赤ちゃん　baby〔ベーィ ビィ〕　会社　company〔カンプニィ〕

「何ですか〔だれですか〕＋主語？」で英語に直せる法則

- あの先生はだれですか。

  だれですか ＋ あの先生は？

  Who is　that teacher?

- あの少年の名前は何ですか。

  何ですか ＋ あの少年の名前は？

  What is　that boy's name?

・このかばんはだれのものですか。

だれのものですか　＋　このかばんは？
Whose is　this bag?

・これはだれのかばんですか。

だれのかばんですか　＋　これは？
Whose bag is　this?

ここが知りたい

質問　How high? と How tall? の使い分けはあるのですか。

答え  ありますが、話をしている人の気持ちによってどちらも使われる可能性があります。

tall は、人や木など細長い場合に使い、
high は高くてはばが広いものに使う法則

・あなたはどれぐらいの背の高さがありますか。

How tall are you?

・あの丘はどれぐらいの高さがありますか。〔単語〕丘　hill〔ヒオ〕

How high is that hill?

質問　ということは、話をしている人が細長いと考えると tall で、高くてはばが広いと思えば high を使うということですか。

答え  おっしゃる通りです。

人や木はHow tall?で高さをたずねる法則

● この木の高さはどれぐらいありますか。
How tall is this tree?

質問　なぜHow tall are you?で「あなたの背の高さ」をたずねることができる理由と、文の成り立ちを教えてください。

答え  本当によい質問ですね。

英語の力をつけるためには、理解してから英文を丸暗記すると短期間に英語の力がつきますよ。

I am tall.（私はある背の高さがあります。）
どれぐらいかというと、
I am 160 cm tall.（160 cmの背の高さがあります。）

この英文の下線部をたずねる文をつくると、
I am　160 cm tall
You are How tall
are you How tall　＋　are you?
のようになるのです。

ここをまちがえる

160 cmの読み方はone hundred sixty centimeters〔ワン　ハンジュレッ・　スィクスティ　センティミータァ ズッ〕です。

howには「どれぐらい」と「なんと」という意味があり、tallには、「背の高さがある」と「背が高い」という意味があるので、「どれぐらい」のhowと「背の高さがある」が１つになってHow tall?（どれぐらいの背の高さ）をあらわすことができる法則

質問　ということは、「なんと」をあらわすhowと、「背が高い」をあらわすtallが１つになると、意味がちがってくるということですか。

答え　よくわかりましたね。そういうことです。

How tall ！で「何と背が高いのだろう！」という意味になる法則

- あなたは何と背が高いのだろう！
  How tall you are ！

How tall ！は感嘆文で、普通の文ではVery tall!と言いかえができる法則

- あなたは何と背が高いのだろう！
  How tall you are!
- あなたはとても背が高いね。
  You are very tall.

質問　How tall you are! の成り立ちを教えてください。

答え  たぶんおわかりだろうと思いますが、次のように考えてください。

英語では、強調したいことばがあると、英文の一番前に置くとよい法則

- You are very tall.
- Very tall you are !
- How tall you are !

yesterday（きのう）などが、最後にくるときと最初にくるときとは、意味がちがう法則

（1）私の妻（つま）はきのう夕食をつくった。
　　My wife cooked dinner yesterday.
（2）いつもはつくらないがきのうは、私の妻は夕食をつくった。
　　Yesterday my wife cooked dinner.

cook〔クック〕は火を使うなどして、熱を加えて料理することなので、「サラダをつくる」は、make (a) salad と言う。

動詞の次にくることばを英文の最初に置くと、そのことばを強調した意味になる法則

（1）私はそれは知りません。
　　I don't know that.

（２）私はまったく知りませんよ、それは。

That I don't know.

強調したいことばを、特に強く発音すると意味がかわる法則

（１）私は他のことばではなく、英語を話せます。

I can speak **English**.

（２）私は読んだり書いたりはできませんが、英語は話せます。

I can **speak** English.

（３）他の人は知りませんが、私は英語を話せます。

I can speak English.

ここが知りたい

質問　Who are you? や What are you? という英語はあるのですか。

答え

どちらもあります。次のように覚えてください。

だれかとたずねるときは、Who are you?
職業を聞くときは、What are you? を使う法則

ここをまちがえる

×お前はだれだ。　Who are you?

×お前の名前は何だ。　What's your name?

とても失礼な言い方なので、使わないようにしてください。

ていねいに相手がだれかを聞きたいときは、Would you please tell me ～？ または May I ask ～？を使う法則

〔失礼な聞き方〕

What's your name?

〔ていねいな聞き方〕

私にあなたの名前を教えていただけますか。

Would you please tell me your name?

私があなたの名前をたずねてもよろしいですか。

May I ask your name?

〔失礼な聞き方〕

Who are you?

〈ていねいな聞き方〉

私にあなたがどなたか教えていただけますか。

Would you please tell me who you are?

私があなたがどなたかたずねてもよろしいですか。

May I ask who you are?

できるだけ相手に直接聞かずに、まわりの人にだれかをたずねるのが礼儀(れいぎ)である法則

ここが知りたい

質問　なぜ May I ask who you are? となっているのですか。

答え  説明不足ですみません。

英語では、Who are you?（あなたはだれですか。）を疑問詞＋肯定文（ふつうの文）の並べ方にすると、who you are（あなたがだれであるかということ）のような名詞のはたらきをするかたまりになり、このパターンを文法用語で「間接疑問文」という法則

- 直美さんはどこに住んでいますか。

  Where does Naomi live?

- 私は直美さんがどこに住んでいるのかということを知りません。

  I don't know where Naomi lives.

What are you? よりも What do you do? で相手の仕事を聞くほうがよい法則

What are you? は失礼な言い方なので、What do you do? と言うほうがよい。

- あなたは何をしていますか。

  What do you do?

- あなたのお父さんは何をなさっていますか。

  What does your father do?

何をしているかをたずねるとき、今のことなら、What are you doing? の法則

（1）あなたは何をなさっているのですか。

What do you do?

（2）あなたは今何をしているのですか。

What are you doing（now）?

（3）あなたのお父さんは何をなさっていますか。〔仕事〕

What does your father do?

（4）あなたのお父さんは今何をなさっているのですか。

What is your father doing?

ここが知りたい

質問　do と does についてくわしく教えてください。

答え

2つの使い方があります。

助動詞として使う do と does、「する」という動詞として使う do と does がある法則

これだけは覚えましょう

（1）トニーはここで彼の宿題をします。

Tony does his homework here.

（2）トニーはここで彼の宿題をしますか。

Does Tony do his homework here?

（3）トニーはここで彼の宿題をしません。

Tony doesn't do his homework here.

質問　What do you do? とWhat are you doing? の成り立ちを知りたいのですが。

答え　わかりました。日本語を英語に訳す練習をすれば、成り立ちがよくわかりますよ。

Yes. No. で答えられない疑問文は、
［疑問詞＋疑問文？］にするとよい法則

- あなたは何をしているのですか。

何を　＋　あなたはしていますか。〔日常的に〕

What　　do you do?

- あなたは何をしていますか。

何を　＋　あなたはしていますか。〔今〕

What　　are you doing?

質問　What's your name? は失礼な言い方であると習いましたが、この表現を使って、もう少していねいな言い方にすることはできないのですか。

答え　　よい質問ですね。あります。次のように覚えておいてください。

What's your name, please? のように言うと、
少していねいな言い方になる法則

練習問題

〔1〕次の日本語を How old を使って英語に直してください。

（1）あなたは何才ですか。

____

（2）このビルは建てられて何年になりますか。

〈ヒント〉ビル　building〔ビオディン・〕

____

（3）あなたの学校は創立何年になりますか。

〈ヒント〉学校　school〔スクーオ〕

____

（4）この赤ちゃんは生後何か月になりますか。

〈ヒント〉赤ちゃん　baby〔ベーィビィ〕

____

解答と解説

（1）How old are you?

（2）How old is this building?

（3）How old is your school?

（4）How old is this baby?

できてからどれぐらいたつかを How old であらわせます。

〔2〕次の日本語を基本例文を利用して正しい英語に直してください。

（1）私は10才です。

I am old.

____

（２）このビルは建てられて10年たちます。

This building is old.

（３）私たちの学校は創立10年になります。

Our school is old.

（４）この赤ちゃんは生後10か月になります。

This baby is old. 〈ヒント〉10か月　ten months〔テン　マンツッ〕

解答と解説

（１）I am ten years old.

（２）This building is ten years old.

（３）Our school is ten years old.

（４）This baby is ten months old.

old の前に数字を入れるだけでよい。

〔３〕次の日本語を英語に直してください。

（１）この池はどれぐらい深いですか。〈ヒント〉池　pond〔パンドゥッ〕

（２）この木はどれぐらい高いですか。〈ヒント〉木　tree〔チュ リー〕

（３）あの丘はどれぐらい高いですか。〈ヒント〉丘　hill〔ヒオ〕

（4）これはだれの本ですか。

____

（5）この本はだれのものですか。

____

（6）温度はどれぐらいありますか。〔寒いとき〕

____

（7）温度はどれぐらいありますか。〔暑（あつ）いとき〕

____

解答と解説

（1）How deep is this pond?

（2）How tall is this tree?

（3）How high is that hill?

（4）Whose book is this?

（5）Whose is this book?

（6）How cold is it?

（7）How hot is it?

〔たずねたいこと＋～は？〕にすれば英語に直せます。

（例）どれぐらい深いですか＋この池は？

07 命令文を理解しよう

**相手に向かって言うとき、you を省略して
動詞から始まっているときは命令文になる法則**

- 今こちらへ来なさい。　Come here now.
- 熱心に勉強しなさい。　Study hard.

You come here. の You を省略した形です。相手に言っているときは、You がなくても意味がわかるので、You を省略しています。

**命令文の場合、文の最後を下げて言うと
きつい言い方になり、軽く上げて波打つような感じで言うと
やさしくたのんでいるように聞こえる法則**

- 窓を開けなさい。　Open the window?（↓）
- 窓を開けて。　Open the window.（↑）

**命令文の一番前か、一番うしろに please をつけて、
少していねいな言い方にすることもできる法則**

- 窓を開けてください。

Please open the window.

Open the window, please.

Please. でいったん切って、動詞から始まる英文にすると、「お願いです。～して」の意味をあらわせる法則

- お願いですよ。窓を開けてよ。
  Please. Open the window.

ここが知りたい

質問　Come here now. の come は、現在形なのですか、それとも動詞に s がつかない形をあらわす原形なのですか。

答え　 するどい質問ですね。Come は原形です。

質問　You come here now. がもとの英文だとすれば、現在形ではないのですか。

答え　 あまりにもよい質問なので、うれしいですよ。次のように考えるとよいでしょう。

Tony, come here now. や Come here now, Tony. のように、呼びかけてから話すのと同じように、You, come here now. と言うと考えれば、You の次の come は現在形ではなく、原形であることがわかる法則

You come here now. の You を強く言ってから、動詞をつづける命令文もある法則

ここが知りたい

質問　You をわざわざつけるのには、何か意味があるのですか。

答え  次のように覚えておきましょう。

> **命令文で You を強く発音するときは、**
> **言う相手がはっきりしている場合か、**
> **相手の注意を引いているか、不快感をあらわしている法則**

質問　You come here now. を日本語に直すとどのような意味になりますか。

答え  「君、今こっちへおいで。」のようになります。

> **命令文で英文の中に動詞がないときは、**
> **［Be ＋単語.］のパターンを使う法則**

- 静かにしなさい。　Be quiet.

ここが知りたい

質問　なぜ Be quiet. は Be からはじまっているのですか。Be はどんな意味ですか。

答え  英語では、一般的に、［主語＋ be 動詞＋単語.］または［主語＋動詞.］のどちらかのパターンでなければ完全な英文にならないので、Be がいるのです。

- You are quiet.（あなたは静かです。）

この英文に must〔マスットゥッ〕（～しなければならない）を入れると must が助動詞のはたらきをしているので、are を be にかえる必要が出てくるのです。

- あなたは静かにしなければならない。

  You must be quiet.

このことから be は「～の状態になる」、「～の状態にする」のような意味があることがわかります。

You must be quiet. の You must を消した形が Be quiet. だの法則

ここが知りたい

質問　Be quiet.（静かにしなさい。）を強めた言い方はないのですか。

答え  よい質問ですね。次のように覚えてください。

［Do ＋動詞］または［Do be ～.］のパターンで、「どうか〔ぜひ〕～してください。」をあらわせる法則

- どうか静かにしてください。

  Do be quiet.

- ぜひ来てください。

  Do come. ＝ You must come.

質問　Be quiet.（静かにしなさい。）のていねいな言い方にする方法はないのですか。

答え  あります。次のように覚えてください。

Would you please be quiet? にすると「静かにしてください。」にすることができる法則

動詞の場合は、[Would you please ＋動詞 ?] にする命令文をていねいな言い方にすることができる法則

- 窓を開けていただけますか。

  Would you please open the window?

ここが知りたい

質問　Please be quiet.（静かにしてください。）はていねいな言い方なのではないのですか。

答え  するどい質問ですね。次のように覚えておきましょう。

Be quiet. に関しては、Please be quiet. のほうがやわらかい表現ではありますが、私たちが考えているほどていねいな言い方にはならないので、相手が目上の場合には Would you please be quiet? と言ったほうがよい法則

質問　please の使い方で注意すべきことはありますか。

答え　ありません。次のような点に注意が必要です。

［名詞＋ please.］で「私に～をください。」の意味で使われる法則

ここをまちがえる

相手にものをすすめるつもりで、Milk, please. と言ったら、「ミルクをください。」になってしまうので、注意が必要です。

相手にミルクをすすめたいときは、次のように言いましょう。

「少しミルクをいかがですか。」と相手にミルクをすすめたいときは、Won't you have some milk? と言えばよい法則

質問　なぜ、Milk, please. で「ミルクをください。」になるのですか。

答え　よい質問ですね。次のように理解してください。

Please. には、「喜ばす」という意味があるので、何をしてもらえるとうれしいかを考えると、私がミルクをもらえるとうれしいので、「ミルクをください。」という意味で使われていると考えるとよい法則

ここをまちがえる

英語の命令文を日本語にしたときに、「〜してください。」のように訳せる場合があるので、注意が必要です。

相手にとって利益になるようなことをあらわしているときは、命令文で言っていても、「〜してください。」のような意味で、相手も理解してくれる法則

ここが知りたい

質問　どのようなときに、「〜してください。」にあたる英語を命令文であらわすことができるか、具体的に教えてください。

答え  相手に利益になるようなこととは、相手に何かを教えてあげるときや相手に何かをすすめるときが多いと思います。

（例１）道案内

（観光客）篠山城へはどうしたら行けますか。

How can I get to Sasayama Castle?

（あなた）次の信号を左に曲がってください。

Turn（to the）left at the next traffic light.

そうすれば、右側にそれが見えますよ。

And you'll see it on your right.

［語句］　どうすれば私はできますか　how can I〔ハーゥ ケナーィ〕
に到着する　get to〔ゲッ・トゥ〕　城　castle〔キャッソー〕
左に曲がる　turn left〔ター〜ン　レフトゥッ〕　〜で　at〔アッ・〕
次の信号　the next traffic light〔ざ　ネクッスットゥッ　チュ ラフィッ・　ラーィトゥッ〕
（traffic の c の〔ク〕はほとんど言いません。）
そうすれば　and〔エァンドゥッ〕
それが見えるでしょう　you'll see it〔ユーオ　スィーイッ・〕
右側に　on your right〔オンニュア　ゥラーィトゥッ〕

（例２）料理

まずそのリンゴの皮をむきます。そして、それから４つに切ってください。

First peel the apple, (and) then cut it into four.

［語句］ ～の皮をむく peel〔ピーオ〕 まず first〔ファ～ストゥッ〕
それから then〔ゼンヌ〕
それを４つに切る cut it into four〔カッティッ・イントゥ フォー〕

（例３）相手にすすめるとき

（相 手）リンゴをいくつかいただけますか。

Can I have some apples?

（あなた）もちろん、いいですよ。どうぞ。ほしいだけ持って行ってください。

Sure, go ahead. Take all you want.

［語句］ もちろん sure〔シュ アァ〕 どうぞ go ahead〔ゴーゥ アヘッ ドゥッ〕
持って行く take〔テーィ クッ〕
あなたがほしいだけ all you want〔オーリュ ワントゥッ〕

否定文の命令は、［Don't ＋ 動詞］または［Don't be ＋ 単語］のどちらかであらわせる法則

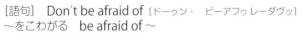

● このイヌをこわがらないでね。

Don't be afraid of this dog.

［語句］ Don't be afraid of〔ドーゥン・ ビーアフゥ レーダヴッ〕
～をこわがる be afraid of ～

● ここで遊んではいけないよ。

Don't play here.

［語句］ 遊ぶ play〔プレーィ〕 ここで here〔ヒアァ〕

You mustn't ～. ＝ Don't ～. で
「～してはいけない。」をあらわせる法則

- ここで遊んではいけない。
  You mustn't play here.
  Don't play here.

［語句］ You must not の省略した形が You mustn't〔ユーマスントゥッ〕

ここが知りたい

質問　よく、「あきらめてはいけないよ。」という日本語のかわりに「ネヴァー　ギヴアップ」という言い方を聞きますが、英語でもそう言えるのですか。

答え  よい質問ですね。次のように覚えてください。

Don't give up. は現状について、Never give up.
「これから先もけっしてあきらめるな。」
というちがいがある法則

質問　命令文に対する答え方はどのような言い方があるのですか。

答え  いくらかパターンがあるので、パターン別に紹介したいと思います。

Please ～ . や Please don't ～ . から始まる文の場合、ていねいに答えるときは、All right. そうでないときは、OK. と言えばよい法則

- 「窓を開けてください。」　「よろしいですよ。」
  “Please open the window.”　“All right.”
- 「窓を開けないでください。」　「いいですよ。」
  “Please don't open the window.”　“OK.”

Don't ～ . と Please don't ～ . の場合は、I won't と言えばよい法則

- 「だれにも言わないでくださいね。」「言いませんよ。」
  “Please don't tell anyone.”　“I won't.”
- 「あす忘れずに〔かならず〕私に電話をかけてね。」「忘れませんよ。」
  “Don't forget to call me tomorrow.”　“I won't.”

相手に何かをすすめられたときは、Thank you. または Thank you. I will. と言えばよい法則

- 「どうぞ、お入りください。」「ありがとう。」
  “Please come in.”　“Thank you.”
- 「ご自由にお茶をお飲みください。」「ありがとうございます。」
  “Help yourself to some tea.”　“Thank you.”

●「またお越しくださいね。」
“Please come again.”
「ありがとうございます。そうさせていただきます。」
“Thank you. I will.”

ここが知りたい

質問　I will. I won’t. とはどういう意味ですか。

答え  よい質問ですね。

will〔ウィオ〕は「～するつもり」、won’t〔ウォーゥ ントゥッ〕は「～するつもりはありません」という意味になります。

Please come again. に対する答えであれば、I will come again.（私はまた来るつもりです。）の意味で I will.

Please don’t tell anyone. に対する答えならば、I won’t tell anyone.（私はだれにも話をしません。）の意味を I won’t. であらわしているのです。

練習問題

〔1〕次の（　　　）に適語を入れてください。

（1）今こちらへ来て。　（　　　　）（　　　　）（　　　　）.

（2）その窓を開けてください。

　（a）（　　　　）open the window.

　（b）Open the window,（　　　　）.

（3）お願いですよ。その窓を開けて。

　（　　　　）.（　　　　）the window.

（4）君、今こっちへおいでよ。

　（　　　　）（　　　　）here now.

（5）静かにしなさい。　（　　　　）（　　　　）.

（6）どうか静かにしてください。

　（　　　　）（　　　　）（　　　　）.

（7）その窓を開けていただけますか。

　（　　　　）you open the window ?

（8）ミルクをください。　（　　　　），（　　　　）.

（9）少しミルクをいかがですか。

　（　　　　）（　　　　）have some milk?

解答と解説

（1）Come here now.　（2）（a）Please　（b）please

（3）Please、Open　（4）You come　（5）Be quiet

（6）Do be quiet　（7）Would　（8）Milk please

（9）Won't you

（注意）（6）の「どうか」をDoであらわすのを忘れないようにしてください。

〔2〕次の（　　　）に適語を入れてください。

（1）次の信号を左に曲(まが)ってください。

（　　　）to the left （　　　）the next traffic light.

（2）まずそのリンゴの皮をむきます。そして、それから４つに切ってください。

First peel the apple, and（　　　）it（　　　）four.

（3）リンゴをいくつかいただけますか。

（　　　）I have some apples?

（4）もちろん、いいですよ。どうぞ、ほしいだけ持って行ってください。

Sure,（　　　）（　　　）.（　　　）all you（　　　）.

（5）このイヌをこわがらないでね。

（　　　）（　　　）afraid of this dog.

（6）ここで遊んではいけないよ。

(a) You（　　　）play here.

(b)（　　　）play here.

（7）あきらめるなよ。〔今のこと〕

（　　　）（　　　）（　　　）.

（8）今もこれから先も、あきらめたらだめですよ。

（　　　）（　　　）（　　　）.

解答と解説

（1）Turn、at （2）cut、into （3）Can

（4）go ahead、Take、want （5）Don't be

（6）(a) mustn't (b) Don't （7）Don't give up

（8）Never give up

（7）と（8）の give up に注意してください。今だけのことなら、Don't、今とこれからのことなら Never になります。

〔3〕次の（　　）に適語を入れてください。

（1）「その窓を開けてください。」「よろしいですよ。」
“（　　）open the window.”“（　　）（　　）.”

（2）「その窓を開けないでください。」「いいですよ。」
“（　　）（　　）open the window.”“（　　）.”

（3）「どうぞお入りください。」「ありがとうございます。」
“Please（　　）（　　）.”“（　　）（　　）.”

（4）「またお越しくださいね。」「ありがとうございます。そうさせていただきます。」
“Please（　　）（　　）.”“（　　）（　　）.（　　）（　　）.”

（5）「だれにも言わないでくださいね。」「言いません。」
“（　　）（　　）（　　）（　　）.”“（　　）（　　）.”

（6）「ご自由にお茶をお飲みになってね。」「ありがとうございます。」
“（　　）（　　）（　　）some tea.”“（　　）（　　）.”

解答と解説

（1）Please、All right

（2）Please don’t、OK

（3）come in、Thank you

（4）come again、Thank you、I will

（5）Please don’t tell anyone、I won’t

（6）Help yourself to、Thank you

（1）（2）はていねいな言い方は All right、そうでなければ OK。

（4）と（5）は「～してください」のときは I will.（します。）、「～しないでください」のときは、I won’t.（しません。）

08 人称代名詞とその他の代名詞を理解しよう

人称（にんしょう）代名詞について勉強をしたいと思います。

次の表を見てください。

私は〔が〕	私の	私を〔に〕	私のもの
I〔アーィ〕	my〔マーィ〕	me〔ミー〕	mine〔マーィンヌ〕

この表を次のように覚えるとよいでしょう。

I〔アーィ〕、my〔マーィ〕、me〔ミー〕、mine〔マーィンヌ〕は、［は・が・の・を・に・のもの］と覚えるとよい法則

I〔私は、私が〕、my〔私の〕、me〔私を、私に〕、mine〔私のもの〕
この下線のところのひらがなをすべてくっつけたものです。

Iは、英文のどこにきていても、大文字で書く法則

ここが知りたい

質問　英語では、英文の一番はじめの文字をいつも大文字で始めると習いましたが、なぜ「私」だけはどこで使われてもIなのですか。

答え  よい質問ですね。英米人は自己主張が強いから、Iを大文字で書くと思っている人もいるかもしれませんが、実際には、次の法則が理由だと考えられています。

iが小文字だと、他の単語のつづりの一部分と まちがえてしまうので、Iと大文字にしている法則

質問　Iに関して、他にも気をつけておいたほうがよいことはありますか。

答え  いくつかあるので、1つずつ紹介しておきます。

「私は」「ぼくは」「おれは」「わしは」「せっしゃは」 を英語ではいつもIと言うだけでよい法則

ここが大切

質問　英語には、敬語のようなものはないのですか。

答え  日本語のようにはっきりした敬語はありませんが、かたい表現、ていねいな表現、親しい人たちの間で使う表現、きたない表現のように使い分けはあります。

Iの場合は、大統領でも、一般市民でも、いつもIと言うのです。

英語では、2人称(にんしょう)の(you)、3人称のhe, sheと、 1人称のIをいっしょに並べるときは、 かならずIを最後に置かなければならない法則

- 私とあなたは　you and I
- 私と直美さんは　Naomi and I

ここが知りたい

質問　１人称、２人称、３人称の中の数字はどのようにして決めてあるのですか。

答え  よい質問です。次のように覚えてください。

> **会話をするためには、１番はじめの人がいて、**
> **あなた（２番めの人）が必要です。**
> **そこへ３番めの人（彼、彼女）が会話に加わってくる法則**

ここが知りたい

質問　例外はないのですか。

答え  あります。ただし、学校英語では、左ページの例のように100%、and I にしなければなりません。

> **自分たちが悪かったのであやまりたいときは、**
> **I and you, I and Naomi のような言い方をする法則**

かりに、何か失敗をする、または、何か過失（かしつ）を認めて責任をとりたいと思ったときに次のように言います。

- 私とあなたが悪いのです。〔責任を取るべきです。〕

  I and you are to blame.

  ［語句］　責任をとるべきです　are to blame〔アー　チュ　ブレーィムッ〕

- 私と直美さんは大変申し訳なく思っています。

  I and Naomi are so sorry.

  ［語句］　大変申し訳なく思っています　are so sorry〔アー　ソーゥ　サゥリィ〕

meは、「私を、私に」の意味で使うが、例外的にIのかわりに使うことがある法則

- あなたは私を知っていますか。

Do you know me?〔ドゥ　ユー　ノーゥ　ミー〕

- 「どなたですか。」「私です。」〔だれかが戸をノックするのを聞いたとき〕

“Who is it?”　“It's me.”
〔フー　イズィッ・〕　〔イッツ　ミー〕

- 「私はいそがしいのです。」「私もですよ。」

“I'm busy.”　“Me, too.”
〔アーィム　ビズィ〕　〔ミー　チュー〕

my ＋名詞をmine（私のもの）で置きかえることができる法則

- 「この本はだれのものですか。」

“Whose is this book?”

「私のものです。」

“It's mine.”

- 「これはだれの本ですか。」

“Whose book is this?”

「それは私の本です。」

“It's my book.”

「それは私のものです。」

“It's mine.”

〔語句〕 It's〔イッツ〕＝It is〔イティズ〕それは〜です
Whose〔フーズ〕だれの、だれのもの

他の人称代名詞は、I、my、me、mineと同じ要領で使ってください。

	は〔が〕	の	を〔に〕	のもの
あなた	you〔ユー〕	your〔ユアァ〕	you〔ユー〕	yours〔ユアァズッ〕
彼	he〔ヒー〕	his〔ヒズッ〕	him〔ヒムッ〕	his〔ヒズッ〕
彼女	she〔シー〕	her〔ハァ〕	her〔ハァ〕	hers〔ハァ ズッ〕
それ	it〔イッ・〕	its〔イッ ツ〕	it〔イッ・〕	× ×
彼ら	they〔ぜーィ〕	their〔ぜアァ〕	them〔ぜムッ〕	theirs〔ぜアァズッ〕
彼女たち	they〔ぜーィ〕	their〔ぜアァ〕	them〔ぜムッ〕	theirs〔ぜアァズッ〕
それら	they〔ぜーィ〕	their〔ぜアァ〕	them〔ぜムッ〕	theirs〔ぜアァズッ〕
私たち	we〔ウィー〕	our〔アーゥア〕	us〔アスッ〕	ours〔アーゥアズッ〕
あなたたち	you〔ユー〕	your〔ユアァ〕	you〔ユー〕	yours〔ユアァズッ〕

ここからは、**代名詞**について考えてみたいと思います。

thatには「あれ」「それ」という意味があり、遠くのものをさしているときに使う法則

- 「あれは何ですか。」
  "What's that?"
  〔ワッツ　ぜアッ・〕

「それはオルゴールですよ。」
"It's a music box."
〔イッツァ　ミューズィッ・バックスッ〕

［語句］ what is〔ワティズ〕＝what's〔ワッツ〕 It is〔イティズ〕＝It's〔イッツッ〕

「あれは何ですか。」「これはだれのものですか。」などに対する答えを言うときは、It's ～. で答える法則

- 「あれは何ですか。」
  "What's that?"

「それは鳥です。」
"It's a bird."
〔イッツァ　バ～ドゥッ〕

- 「あれはだれの家ですか。」
  "Whose house is that?"

「それはトニーのものです。」
"It's Tony's."

［語句］ トニーの、トニーのもの　Tony's〔トーゥニズッ〕

- 「あなたのかばんはどこにありますか。」
  "Where's your bag?"
  「それはその机の上にあります。」
  "It's on the desk."

［語句］ どこにありますか　Where is〔ウェアゥリズッ〕＝Where's〔ウェァズッ〕

ここが知りたい

質問　What's that? に対して That's ～.　のように言うことはないのですか。

答え

英語では、that（あれ）、this（これ）、this bag（このかばん）、the bag（そのかばん）のようにすでにでてきたものが１つのものをさしているときは、it（それ）を使って始める決まりになっています。

the cat は、it、the cat's（そのネコの）は、its（それの）が同じものをあらわす法則

- 私は１ぴきのネコを飼（か）っています。
  I have a cat.
  〔アーィ　ヘァヴァ　キャッ・〕
- そのネコは黒い。　＝　それは黒い。
  The cat is black.　　It is black.
  〔ざ　キャッティズ　ブレァックッ〕〔イッティズ　ブレァックッ〕
- そのネコの名前はクロです。　＝　それの名前はクロです。
  The cat's name is Kuro.　　Its name is Kuro.
  〔ざ　キャッツ　ネーィミズッ　クロ〕　〔イッツ　ネーィミズッ　クロ〕

th から始まる that、this、the は兄弟（きょうだい）の関係にある法則

that, this, the がつづりがよくにているのは、兄弟（きょうだい）の関係にあるからです。

that(あれ), this(これ)は、名詞、that(あの), this(この)は形容詞(名詞を説明するはたらき)だと覚えようの法則

- あれは私のかばんです。　That is my bag.
- あのかばんは私のものです。　That bag is mine.

this の複数形は these、that の複数形は those と覚えるとよい法則

- これは〔あれ〕は、私のかばんです。
  This [That] is my bag.
- これら〔あれら〕は、私のかばんです。
  These [Those] are my bags.
  〔ずィーズッ〕〔ぞーゥズッ〕

ここが知りたい

質問　these、those の最後の e は、なぜあるのですか。

答え  よい質問です。次のように覚えておきましょう。

英語では、e を〔エ〕, o を〔オ〕と読むときと、e を〔イー〕, o〔オーゥ〕と読むときがあり、アルファベット読みをするときは、最後に e がくる法則

the se〔ずィーズッ〕　tho se〔ぞーゥズ〕　na me〔ネーィムッ〕名前

bi ke〔バーィクッ〕自転車　no te〔ノーゥトゥッ〕覚書き（おぼえがき）

〔アーィ〕　〔オーゥ〕

英語では、i を e にかえると、複数形になり、s を〔ス〕と読むと１つ、２つ以上なら〔ズ〕と読む法則

憩(いこ)いの場所　oasis〔オーゥエーィスィスッ〕→ oases〔オーゥエーィスィーズッ〕

論文　thesis〔すィースィス〕→ theses〔スィースィーズッ〕

この２つの例からわかるように i ならば１つのことをあらわし、２つ以上のことをあらわしているときは e になっていて、しかも s が１つならば〔スッ〕、２つ以上ならば〔ズッ〕となっていることから、this〔ずィスッ〕は１つのもの、these〔ずィーズッ〕は２つ以上のものをあらわしていると考えることができます。

they には「彼ら」「彼女たち」「それら」の３つの意味があるので、どの意味で使われているのかを見極(みきわ)めなければならない法則

- 彼女たちはアメリカ人の少女たちです。
  They are American girls.〔アメゥリカン　ガ～オズッ〕
- 彼らは背が高い少年たちです。
  They are tall boys.〔トー・　ボーィズッ〕
- それらは野犬です。
  They are wild dogs.〔ワーィオドゥッ　トーッグズッ〕

their と they're〔ぜアァ〕、your と you're〔ユアァ〕が同じ発音になる法則

- これは彼らの家です。
  This is their house.〔ぜアァ　ハーゥスッ〕

- 彼らは友だちです。
  They're friends.〔ゼアァ　フゥレンヅッ〕
- あなたの名前は酒井直美さんですか。
  Is your〔ユアァ〕name Sakai Naomi?
- あなたは酒井直美さんですか。
  You're〔ユアァ〕Sakai Naomi?（↗）

言わなくても意味のわかるときの主語は、It であらわす法則

（１）５時です。→今の時間は５時です。
（２）寒い。→今の温度は寒い。
（３）火曜日です。→曜日は火曜日です。
（４）６月６日です。→今日の日付は６月６日です。
（５）２km あります。→距離は、２km あります。
（６）暗い。→まわりは暗い。
（７）雨です。→今の天気は雨です。

（１）It's five o'clock.〔イッツ　ファーィヴァクロックッ〕
（２）It's cold.〔イッツ　コーゥオドゥッ〕
（３）It's Tuesday.〔イッツ　チューズデーィ〕
（４）It's June（the）sixth.〔イッツ　チューン（ざ）スィックスすッ〕
（５）It's two km［kilometers］.〔イッツ　チュー　キラメタァズ〕
（６）It's dark.〔イッツ　ダークッ〕
（７）It's rainy.〔イッツ　ゥレーィニィ〕

主語がなくても意味がわかるときに It を主語にする、と覚えておきましょう。It is は It's で使われることが多いのです。

It であらわすかわりに That を使うと、感情が入った言い方にかわる法則

- それはおもしろい。　It's interesting.
- それはおもしろいですね。　That's interesting.

It is ～(それは～です)と言っておいて、It がさすものをあとからおぎなっていくのが自然な英語だの法則

- 泳ぐことはかんたんです。

  To swim is easy.

  It is easy to swim.

  それはかんたんですよ〈何が〉泳ぐこと

- 私にとって泳ぐことはかんたんです。

  For me to swim is easy.

  It is easy for me to swim.

  それはかんたんですよ〈何が〉私にとって泳ぐこと

［語句］　泳ぐ　swim〔スウィムッ〕　泳ぐこと　to swim〔チュ スウィムッ〕
かんたんな　easy〔イーズィ〕
私にとって泳ぐこと　For me to swim〔フォーミー　チュ スウィムッ〕

相手の顔が見えれば you、見えないときは it、電話では this の法則

〔顔が見えているとき〕

- おまえはだれだ。

  Who are you?

・どちら様ですか。〔どなたであるか、おたずねしてもよろしいですか。〕

May I ask who you are?

〔顔が見えないとき〕

・どちら様ですか。〔だれかが戸をノックしたとき〕

Who is it, please?

〔電話のとき〕

・どちら様ですか。

Who is this, please?

ここが知りたい

質問　なぜ it や this などの使いわけがあるのですか。

答え　　よい質問ですね。次のように考えてください。

it は男女がわからないときにも使う法則

・「その赤ちゃんは男の子、それとも女の子ですか。」

"Is the baby a he or she?"

「女の子です。」

"It's a girl."

・「どなたですか。」

"Who is it, please."

「私ですよ。トニーです。」

"It's me, Tony."

「私ですが。」と言うときは、Speaking. または、男性の場合は he、女性の場合は she を使ってあらわす法則

「私ですが。」　“Speaking.”〔だれでも使えます〕
“This is she.”〔女性の場合〕
“This is he.”〔男性の場合〕

イギリス英語では「そちらは～ですか。」の意味を “Is that ～ ?”、「こちらは」の意味を “This is ～.” または “It's ～.” という法則

「そちらはどなたですか。」「こちらはトニーです。（私がトニーです。）」
“Who's that?”　“This is Tony.” または “It's Tony.”

ここが知りたい

質問　電話の会話では、イギリス英語とアメリカ英語で this と that の使い方がちがうということですか。

答え  その通りです。日本語とイギリス英語が同じように考えているということです。遠くの人のことを、「そちら＝ that」、近くの人のことを「こちら＝ this」のように。

質問　It's ＋名前．のようなパターンがあるように思うのですが、日本語のどんな表現にあたるのですか。

答え  よい質問ですね。次のように考えてください。

人をみちびく It is ～. は
日本語には訳すことができない法則

「あそこにいるのはだれですか。」　「直美さんですよ。」
“Who is that over there?”　“It’s Naomi.”

〔戸口で〕「だれだったの。」　「直美だったよ。」
“Who was that?”　“It was Naomi.”

This is の意味には、「これは」のていねいな言い方、
「こちらは」という意味で使うことができる法則

- これは私のむすこの悟朗（ごろう）です。
  This is my son Goro.
- こちらは私の友人の薫（かおる）さんです。
  This is my friend Kaoru.
- どちら様ですか。
  Who’s calling, please?
  Who’s speaking, please?
  Who’s this, please?
- こちらは熊本の和田薫です。
  This is Wada Kaoru from Kumamoto.

電話では、「あなた」のかわりに「そちらは」と、
「私」のかわりに「こちらは」を使い、
どちらも Is this ～?、This is ～. と言う法則

「もしもし、そちらは酒井直美さんですか。」
“Hello, Is this Sakai Naomi?”

「酒井直美さんをお願いします。」
“Ms. Sakai Naomi, please.”
「私がその酒井直美ですが。」〔こちらはその酒井直美ですが。〕
“This is Sakai Naomi speaking.”

ここが知りたい

質問　電話の会話で名前を言うときに、This is ～. ではなくて、My name is ～. のように言うことはないのですか。

答え  よい質問ですね。次のように考えておきましょう。

電話では、はじめての人に名前を言うときは、My name is ～. と言い、そうではないときは This is ～. と言う法則

佐藤雄司と申します。	My name is Sato Yuji.
佐藤雄司です。	This is Sato Yuji.

アメリカ英語で「私です。」と言うときに It’s me. を使うのは身内、またはそれに近い人だけの法則

ここをまちがえる

日本語でも「ぼくだよ。」または「私だけど。」のように言えるのは夫婦間、またはとても仲(なか)のよい人に限られます。It’s me. をビジネスで使ってはいけません。

ここが知りたい

質問　My name is ～．と I am ～．とのちがいはあるのですか。

答え  あります。次のように考えてください。

はじめて出会ったとき、
ていねいに言いたいときは、My name is ～.
そうでないときは、I am ～．と使いわける法則

- 私の名前は池上悟朗と申します。
  My name is Ikegami Goro.
- ぼくは池上悟朗です。
  I am Ikegami Goro.

〈コミュニケーションのための英語表現〉

〔that と it の便利な使い方〕

- それですよ。／その通りですよ。　That's it.
- その通りですよ。　It IS that!〔is を強く言う〕
- その通りですよ。　That's right.
- これですよ。／その通りですよ。　This is it.
- それで決まりだ。　That's that.
  A：「ほかになにかありますか。」"Anything else?"
  B：「いいえ、それだけですよ。」"No, that's all."

〔they の便利な使い方〕

- 今年の冬は暖(あたた)かいそうですよ。

 They say that this winter will be warm.

 （解説）They に専門分野の知識を持っている人の意味があるので、この場合は、天気予報士（気象予報士）をさしています。

- トニー君は先生だそうです。

 They〔People〕say that Tony is a teacher.

 （解説）この they は、世間の人をあらわしています。この意味で使われている They のかわりに People を使うこともできます。

〔You の便利な使い方〕

- あなたの言う通りですよ。

 You are right.

 You can say that again.

 （解説）that を強く言ってください。

 You said it.〔語句〕say〔セーィ〕の過去形、said〔セッドゥッ〕

- へえ、本当！

 You don't say.

 （解説）相手が言ったことに軽い驚きや関心があるということを言いたいときの表現。

〔I と Me. の便利な使い方〕

- 私は私、そして、あなたはあなた。

 I am me and you are you.

- 「私は日本人です。」「私もですよ。」

 "I'm Japanese." "Me, too."

〔一般の人をあらわす we、they、you〕

[they]　話し手と聞き手をふくまないが、私たちの生活に関係がある第３者にあたる人々を they であらわします。

[we]　自分をふくめた一般の人々をあらわします。時と場合により、次のような意味で使われます。

① 私たちは、当地では、当団体では、当店では、当社では

② 書物の中で、著者と読者の両方をあらわすことがあります。

③ 医者などが、次のように言うことがあります。
（例）今朝、気分はどうですか。　How are we this morning?

④ 天皇陛下が正式文書などで言いあらわす「朕は」または「余は」などにあたります。

[you]「人はだれでも」、「人というものは」、という意味で使うことも多く、いつも話し相手をさしているわけではないので注意が必要です。

ただし、一般論を話していても、結局は自分の意見が入っていることもあります。

ここが知りたい

質問　なぜ、How are you this morning? と言わずに How are we this morning? と言うことがあるのですか。

答え  とてもよい質問ですね。次のように考えてください。

相手に対して愛情をしめしているときに
How are we? と言うことがある法則

練習問題

〔1〕次の日本語を（　　　　）に適語を入れて英語に直してください。

（１）私とあなたは　（　　　　）and（　　　　）

（２）私と直美さんは　（　　　　）and（　　　　）

（３）私と直美さんは大変申し訳なく思っています。

（　　　　）and（　　　　）are so sorry.

（４）「この本はだれのものですか。」　「私のものです。」

“（　　）（　　）（　　）（　　）？”　“It's（　　　）.”

（５）「これはだれの本ですか。」　「私の本です。」

“（　　）（　　）（　　）（　　）？”　“It's（　　　）book.”

（６）「あれは何ですか。」　「鳥です。」

“（　　　）（　　　）？”　“（　　　）a bird.”

（７）「あなたのかばんはどこにありますか。」「その机の上にあります。」

“（　　）（　　）（　　）bag?”　“（　　　）on the desk.”

解答と解説

（１）you、I　（２）Naomi、I　（３）I、Naomi

（４）Whose is this book, mine

（５）Whose book is this、my

（６）What's that、It's　（７）Where is your、It's

（１）（２）～ and I を答えにするのが正しいのですが、例外として自分たちに過失があって責任があると感じたときは、I and ～のパターンをとります。ただし、このパターンがテストにでることはありません。

〔2〕次の（　　　）に適語を入れてください。

（1）私は1ぴきのネコを飼（か）っています。　I have（　　　　）cat.

（2）そのネコは黒い。　（　　　　）cat is black.

（3）それは黒い。　（　　　　）（　　　　）black.

（4）そのネコの名前はクロです。

（　　　　）（　　　　）name is Kuro.

（5）それの名前はクロです。　（　　　　）name is Kuro.

（6）これは私のかばんです。　（　　　　）is my bag.

（7）これらは私のかばんです。　（　　　　）are my bags.

（8）あれは私のかばんです。　（　　　　）is my bag.

（9）あれらは私のかばんです。　（　　　　）are my bags.

（10）このイヌは小さい。　（　　　　）dog is small.

（11）これらのイヌは小さい。　（　　　　）（　　　　）are　small.

（12）あのネコはかわいい。　（　　　　）（　　　　）is pretty.

（13）あれらのネコはかわいい。　（　　　　）（　　　　）are pretty.

解答と解説

（1）a　（2）The　（3）It is　（4）The cat's　（5）Its

（6）This　（7）These　（8）That　（9）Those　（10）This

（11）These dogs　（12）That cat　（13）Those cats

ここをまちがえる

それは～です　It's〔イッツッ〕＝ It is〔イティイズッ〕

それの　its〔イッツッ〕

〔3〕次の（　　　）に適語を入れてください。

（1）they're と同じ発音の単語は（　　　　）です。

（2）you're と同じ発音の単語は（　　　　）です。

解答と解説

（1）their　（2）your

they're と their はどちらも〔ぜアァ〕と発音します。

you're と your はどちらも〔ユアァ〕と発音します。

〔4〕次の日本語を英語に直してください。

（1）６時です。

（2）（外は）寒い。

（3）火曜日です。

（4）雨です。

（5）それはおもしろい。

（6）それはおもしろいですね。〔感情が入った言い方〕

解答と解説

（1）It's six o'clock.　（2）It's cold.

（3）It's Tuesday.　（4）It's rainy.　（5）It's interesting.

（6）That's interesting.

〔5〕次の（　　　）に適語を入れてください。

（1）おまえはだれだ。　（　　　　）are you?

（2）どちら様ですか。

May I ask（　　　　）（　　　　）（　　　　）？

（3）どちら様ですか。〔ノックをした人に対して〕

（　　　　）（　　　　）（　　　　）, please?

（4）どちら様ですか。〔電話で〕

（　　　　）（　　　　）（　　　　）, please?

（5）「その赤ちゃんは男の子、それとも女の子ですか。」

“Is the baby a（　　　　）or（　　　　）？”

（6）「女の子です。」（　　　　）a girl.

（7）私の名前は酒井直美と申します。〔はじめて出会ったとき〕

（　　　　）name is Sakai Naomi.

（8）私は酒井直美です。〔親しみを込めて言うとき〕

（　　　　）（　　　　）Sakai Naomi.

解答と解説

（1）Who　（2）who you are　（3）Who is it

（4）Who is this　（5）he、she　（6）It's

（7）My　（8）I am

（2）May I ask（私はたずねてもよろしいですか。）で〈何を〉という疑問が生まれ＋名詞のはたらきをすることばがこないといけないので、Who are you? を who you are にして（あなたがだれであるかということ）をあらわす名詞のはたらきをすることばにしているのです。

〔6〕次の（　　　　）に適語を入れて、電話で使われる表現にしてください。

（1）どちら様ですか。

（a）“Who's（　　　　）, please?”

（b）“Who's（　　　　）, please?”

（c）“Who's（　　　　）, please?”

（2）「私ですが。」

（a）This is（　　　　）.〔女性の場合〕

（b）This is（　　　　）.〔男性の場合〕

（c）（　　　　）.

（３）池上悟朗ですが。

（　　　　）is Ikegami Goro.（はじめてではないとき）

（４）私の名前は池上悟朗（いけがみごろう）です。

（　　　　）name is Ikegami Goro.（はじめてのとき）

解答と解説

（１）（a）（b）（c）calling、speaking、this のどれでもよい。

（２）（a）she　（b）he　（c）speaking　（３）This　（４）My

ここが大切

「私ですが。」は女性ならば she、男性ならば he を使います。

身内などの場合では、It's me, Tony.（私だよ。トニーだよ。）のように言うこともあります。

〔７〕次の日本語を英語に直してください。

今朝、気分はどうですか。

（a）＿＿＿＿＿＿＿＿〔ふつうのあいさつとして〕

（b）＿＿＿＿＿＿＿＿〔相手に対して愛情をもっているとき〕

解答と解説

（a）How are you this morning?

（b）How are we this morning?

相手のからだのことを気にかけて言うときは、we を使うことがあります。

〔8〕次の（　　　　）に適語を入れてください。

（1）今年の冬は暖（あたた）かいそうですよ。

（　　　　）（　　　　）that this year will be warm.

（2）トニー君は先生だそうですよ。

(a)（　　　　）（　　　　）that Tony is a teacher.

(b)（　　　　）（　　　　）that Tony is a teacher.

（3）これですよ。／その通りですよ。

（　　　　）is（　　　　）.

（4）それですよ。　その通りですよ。

（　　　　）（　　　　）.

（5）その通りですよ。　（　　　　）right.

（6）あなたの言う通りですよ。

(a)（　　　　）are right.

(b)（　　　　）said（　　　　）.

(c)（　　　　）can　（　　　　）that again.

（7）私は私、そして、あなたはあなた。

（　　　　）am（　　　　）and you are you.

（8）「私は日本人です。」「私もですよ。」

"I'm Japanese."　"（　　　　），（　　　　）.

解答と解説

（1）They say　（2）(a) They say　(b) People say

（3）This、it　（4）That's it　（5）That's

（6）(a) You　(b) You、it　(c) You、say

（7）I、me　（8）Me、too

（7）I am I が文法では正しいですが、me と言うのがふつうです。

09 現在進行形と過去進行形の使い方をマスターしよう

現在進行形は、I am ～ ing, 過去進行形は、I was ～ ing. であらわす法則

〔現在進行形〕

〔主語〕	〔be 動詞〕	〔動詞の ing 形〕
I	am	studying.
私	です	勉強している
You	are	sleeping.
あなた	です	ねむっている
Kaoru	is	running.
かおるさん	です	走っている
Kaoru and I	are	driving.
かおるさんと私	です	運転している

〔過去進行形〕

〔主語〕	〔be 動詞〕	〔動詞の ing 形〕
I	was	studying.
私	でした	勉強している
You	were	sleeping.
あなた	でした	ねむっている
Kaoru	was	running.
かおるさん	でした	走っている
Kaoru and I	were	driving.
かおるさんと私	でした	運転している

［語句］　勉強する　study〔スタディ〕　勉強している　studying〔スタディイン・〕
ねむる　sleep〔スリープッ〕　ねむっている　sleeping〔スリーピン・〕
走る　run〔ゥランヌ〕　走っている　running〔ゥラニン・〕
運転［ドライブ］する　drive〔ジュラーィヴッ〕
運転［ドライブ］している　driving〔ジュラーィヴィン・〕

run のように、最後の文字の前に母音（ア、イ、ウ、エ、オ）が1つしかきていないときは、最後の文字をかさねて ing、make のように e が最後にきているときは、e を消して ing をつけてください。

動詞の ing 形は、状態をあらわす形容詞なので、「いつ」のことかをあらわすときは be 動詞を使って、［今］のことなら、is, am, are、［過去］のことなら was, were を使う法則

〔現在または過去〕	〔進行形〕
You study.	You are studying.
You studied.	You were studying.
You don't study.	You aren't studying.
You didn't study.	You weren't studying.
Do you study?	Are you studying?
Did you study?	Were you studying?
Goro studies.	Goro is studying.
Goro studied.	Goro was studying.
Goro doesn't study.	Goro isn't studying.
Goro didn't study.	Goro wasn't studying.
Does Goro study?	Is Goro studying?
Did Goro study?	Was Goro studying?

次のように法則として覚えておきましょう。

**進行形にしたいときは、
主語が You または２人以上の場合、don't なら aren't、
didn't なら weren't、主語が１人の場合は、
doesn't なら isn't、didn't なら wasn't にすればよい法則**

**疑問文の進行形のときは、主語が１人ならば is か was、
２人以上ならば are か were、you ならば are か were を、
いつのことかを考えながら使い分ける法則**

この左側の英文を進行形に直す練習を何回もしてください。

〔現在または過去〕	〔進行形〕
（１）What do you do?	→ What are you doing?
（２）What does Naomi do?	→ What is Naomi doing?
（３）What did you do?	→ What were you doing?
（４）What did Naomi do?	→ What was Naomi doing?

次の日本語を英語に直す練習を何回もしてください。

（１）あなたは何をしていますか。〔仕事として〕
　→あなたは今何をしていますか。

（２）直美さんは何をしていますか。〔仕事として〕
　→直美さんは今何をしていますか。

（３）あなたは何をしましたか。→あなたは何をしていましたか。

（４）直美さんは何をしましたか。→直美さんは何をしていましたか。

英語では、英文の最後に yesterday（きのう）、then（その時）などをつけるとさらに自分の言いたいことが言えるようになる法則

- あなたはきのう何をしましたか。
  What did you do yesterday?
- あなたはそのとき何をしていましたか。
  What were you doing then?

〔単語〕きのう　yesterday〔いェ スタデーィ〕　その時　then〔ぜンヌ〕

ここが知りたい

質問　「あなたは今何をしているのですか。」を英語にしたいときに、今にあたる英語をいう必要はないのですか。

答え　よい質問ですね。今という単語を言わなくてもわかっているので、言う必要はありませんが、もし今ということを強調したいのであれば、now〔ナーゥ〕という単語を最後に入れてください。

（例）What are you doing now?

What are you doing? の doing の次に tomorrow（あす）などを入れると未来の予定を聞く英文になる法則

- あなたは今何をしていますか。
  What are you doing now?
- あなたはあす何をする予定ですか。
  What are you doing tomorrow?

〔単語〕今　now〔ナーゥ〕　あす　tomorrow〔トゥ マゥ ローゥ〕

練習問題

〔1〕次の英文を進行形に直してください。

（1）What do you do?

（2）What did you do?

（3）What does Tony do?

（4）What did Tony do?

解答と解説

（1）What are you doing?

（2）What were you doing?

（3）What is Tony doing?

（4）What was Tony doing?

ここが大切

１つめの do や does、did を be 動詞にかえて、２つめの do には ing をつけてください。

〔2〕次の日本語を英語にしてください。

（1）あなたは何をしていますか。〔仕事〕

____

（2）あなたのお父さんは何をしていますか。〔仕事〕

____

（3）あなたは今何をしていますか。

____

（4）あなたはそのとき何をしていましたか。

____

解答と解説

（1）What do you do?

（2）What does your father do?

（3）What are you doing?

（4）What were you doing then?

（3）は英文の最後に now〔ナーゥ〕を入れることもできます。

10 助動詞の使い方をマスターしよう

ここからは助動詞について勉強したいと思います。

未来のことをすでに決めているときは be going to、話の途中(とちゅう)に決めたときは will を使う法則

- 私はきょうの午後に買い物に行くつもりです。

I am going to go shopping this afternoon.

- それでは、私はきょうの午後に買い物に行きますよ。

Then I will go shopping this afternoon.
ゼナーィ　ウィオ ゴーゥ　シャッピン・ずィセァフタヌーンヌ

「～しないとだめ」なら must、「～しなくてはならない」は have[has] to と覚える法則

- 私は学校へ８時に行かなければだめなんですよ。

I must go to school at eight.
アーィ マス・ゴーゥ チュ スクーオ アッテーィトゥッ

- 私は学校へ８時に行かなければならないんですよ。

I have to go to school at eight.
アーィ ヘァフトゥッ ゴーゥ チュ スクーオ アッテーィトゥッ

ここが知りたい

質問　must と have to のちがいはありますか。

答え  少しあります。次のように考えてください。

**must は、話し手自身の気持ちをあらわしているのに対し、
have to はまわりの事情で
「～しなければならない」ときに使う法則**

- 私たちは、私たちの税金を（政府に）納(おさ)めなければならない。

  We have to pay our taxes.
  ウィー ヘァフトゥッ ペーィ アーゥア テアクスィズッ

- 私は英語を勉強しなければならない。

  I must study English.

**mustn't は「～してはいけない」、
don't have to は「～する必要がない」と覚えればよい法則**

- あなたはここで日本語を話してはいけません。

  You mustn't speak Japanese here.
  ユー　マスン・　スピークッ チェァパニーズ ヒアァ

- あなたはここでは英語を話す必要はないよ。

  You don't have to speak English here.
  ユー　ドーゥン・ヘァフトゥッ スピー キングリッシッ ヒアァ

ここが知りたい

質問　must と have to は、もとの意味がだいたい同じなのに、なぜ否定文になると意味がちがってくるのですか。

答え  よい質問ですね。次のように考えるとよいでしょう。

mustn't は「何かをやらないことが重要である」、don't have to「～することは重要ではない」と覚える法則

この考え方が基本になります。ここからは、長沢式の考え方で解説します。

- ここで泳がないとだめだよ。　You must swim here.
- ここで泳いだらだめだよ。　You mustn't swim here.

You must ～.「～しないとだめ」、You mustn't ～.「～したらだめ」と覚えればよい法則

次は、have to ～について考えてみます。

- I have　＋　to do my homework.
私はもっています〈何を〉私の宿題をすること

- I don't have　＋　to do my homework.
私はもっていません〈何を〉私の宿題をすること

このように考えると、「宿題がないので、宿題をする必要がない」となることがよくわかると思います。

I don't have（私はもっていない）＋ to ＋動詞（〜すること）＝「〜する必要がない」となる法則

ここが知りたい

質問　なぜ will と be going to は意味がほとんど同じなのに、使い方が少しちがうのですか。

答え  これから話をすることは私の考えなので、学問的なものではありません。次のように覚えておくとよいでしょう。

未来の予定や意志をあらわす法則は次の４つある法則

① 主語＋動詞〔**0** 単語〕＝100%決定

② 主語＋ **will** ＋動詞〔**1** 単語〕＝今決定

③ 主語＋ **be 動詞**＋動詞の ing 形〔**1** 単語〕＝決定して今準備中

④ 主語＋ **be going to** ＋動詞〔**3** 単語〕＝すでに決定、ただし予定がかわることもある

will には、意志をあらわすほかに、現在の予測や未来の予測の意味もある法則

- 私はあすいそがしいでしょう。

I will be busy tomorrow.
アーィ ウィオ ビー ビズィ トゥマゥ ローゥ

- あなたは今いそがしいでしょう。

You will be busy now.

**will と be going to が、天気に関する英語では、
will は自分の考えではないが、be going to は、
何にかの兆（きざ）しがあって、自信をもって言うときに使う法則**

- 雨が降りそうです。
  It's going to rain.
- 雨が降るそうです。
  They say that it will rain.

ここが知りたい

質問　It's going to rain. は自分の考えで言っているということは、黒い雲が出てきているので降りそうだということですか。

そしてもう一方の They say that it will rain. は、天気予報士が「雨が降るでしょう。」と言っているというときに使うのですか。

答え　　おっしゃる通りです。よく理解ができていますね。

**must（～しなければならない）は命令に使い、
should（～すべきです）はアドバイスに使う法則**

- あなたは英語を勉強しなさい。
  You must study English.
- あなたは英語を勉強したほうがよいですよ。
  You should study English.
  ユー　シュッ・スタディ　イングリッシッ

ここが知りたい

質問　should は「～すべきです」という意味だと「～しなければならない」とあまりかわらないように思いますが、どちらも命令ではないのですか。

答え  日本語訳から考えると、どちらも命令の意味で使われるように思いますが、実際には「～したほうがよいですよ」の意味に近いと考えてください。

ただし､学校英語では「～すべきです」という意味で教えています。

助動詞には、２つの意味があり、そのうちの１つが可能性をあらわすことができる法則

これだけは覚えましょう

（１）must〔マストゥッ〕～しなければならない、にちがいない

（２）will〔ウィオ〕～するつもり、でしょう

（３）may〔メーィ〕～してもよい、かもしれない

（４）can't〔キャントゥッ〕～できない、はずがない

この（１）～（４）は、自分が何かをしようとする気持ちが（１）から（４）の順番で弱くなっていると考えてください。

たとえば、勉強をしなければならないと思っているあおいさんは、勉強するつもりだと言っているジュディーさんよりも、勉強を熱心にしていると考えられるので、その結果として今日も勉強している可能性が次のようになるのです。

あおいさんは勉強している	にちがいない。	Aoi	must be studying.
ジュディーさんは勉強している	でしょう。	Judy	will be studying.
トニー君は勉強している	かもしれない。	Tony	may be studying.
ケン君は勉強している	はずがない。	Ken	can't be studying.

このように可能性をあらわすことができるのです。

依頼するときに使える Can you ～？と Will you ～？の法則

- その窓を開けてもらえますか。
  Can you open the window?
- その窓を開けてくれますか。
  Will you open the window?

ここが知りたい

質問　Can you ～？と Will you ～？の使い分けはありますか。

答え  少しありますが、中学英語においては、まったく同じだと思ってください。次のように覚えておいてください。

親しい人に対しては、Can you ～？上下関係があるときは、上の人が下の人に Will you ～？を使うことがある法則

「〜していただけますか。」は Would you 〜？ または Could you 〜？のように、will と can の過去形を使うとよい法則

● 窓を開けていただけますか。

Would you open the window?

Could you open the window?

〔発音〕Would you〔ウッ チュ〕　Could you〔クッ チュ〕

ここが知りたい

質問　なぜ、Would you 〜？と Could you 〜？のように will や can の過去形を使うとていねいな言い方になるのですか。

答え　 英語では次のような考え方があるからです。

現在形を使うと近い、過去形を使うと遠いと考えるとよい法則

 解説します。

近いということは親しいから遠慮（えんりょ）がいらない、遠いということは遠慮をする仲（なか）であるということなので、親しい人の間では、Can you 〜?、上下関係があるときは、上から下へは遠慮はいらないから Will you 〜？がぴったりです。

遠慮する必要がある人に対しては、Could you 〜？　または Would you 〜？を使うとよいでしょう。

ここがおもしろい

「～してくれる」、「～してもらえる」の中には「た」がないが、「～していただける」とていねいに依頼するときには「た」がきます。

日本語では、「た」は過去形で使うことばなので、英語でも日本語の「た」がある表現のときには、Would や Could のような過去形を使います。日本語と英語が似ているところです。

許可を得るとき、親しい人には Can I ～ ?、そうではない人には May I ～ ? を使い分ける法則

- 窓を開けてもいい？

Can I open the window?
キャナーィ オーゥプンざ ウィンドーゥ

- 私が窓を開けてもよろしいですか。

May I open the window?

これだけは覚えましょう

いらっしゃいませ。〔何にいたしましょうか。〕（お店などで）

May I help you?

「私がしましょうか。」なら Shall I ～ ?、「いっしょに～しましょうか。」なら Shall we ～ ? を使い分ける法則

- 私が窓を開けましょうか。

Shall I open the window?
シャラーィ オーゥプンざ　ウィンドーゥ

● いっしょにダンスを踊りましょうか。

Shall we dance?
シャオ ウィーデァーンスッ

「いっしょに～しましょう」なら、Let's ～ . を使う法則

● いっしょにこの歌をうたいましょう。

Let's sing this song.
レッツ スイン・ずィ・ ソーン・

〔会話で覚える助動詞とその受け答え〕

入ってもよろしいですか。	May I come in? メーィ アーィ カミンヌ
―はい、どうぞ。	Yes, please.
―はい。どうぞお入りになってください。	Sure. Please come in. シュアァ プリーズッ カミンヌ

ここが知りたい

質問　May I come in? に対する答え方で Yes, you may. という言い方はしないのですか。

答え  よい質問ですね。次のように覚えましょう。

May I ～ ? に対して Yes, you may. と言えるのは、目上の人が目下の人に言う場合だけです。上下関係がない場合は、Yes, you can. と言えばよい法則

May I ～？に対して「だめです。」と言うときは、きつい言い方からおだやかな言い方まで4パターンがある法則

May I come in?

〈きつい言い方〉

↑ ① No, you mustn't.　「だめ。」

② No, you may not.　「だめですよ。」

③ No, you can't.　「だめなんですよ。」

↓ ④ I'm sorry you can't.　「すみません、だめなんですよ。」

〈おだやかな言い方〉

- このリンゴ、もらってもいい。

Can I have this apple?
キャナーィ ヘァヴッ　ずィセァポー

もちろん、いいよ。　さあ、どうぞ。

Sure. Go ahead.

- 私が和田先生に電話をかけましょうか。

Shall I call Ms. Wada?

- はい、お願いします。

Yes, please.

- いいえ、けっこうです。

No, thank you.

- ありがとうございます。でも、けっこうです。

Thank you, but no.

ここが知りたい

質問　No, thank you. と Thank you, but no. の使い分けはありますか。

答え  少しはあります。次のように考えてください。

No, thank you. よりも Thank you, but no. のほうがていねいな断（こと）わり方になる法則

 解説します。

No を強く言いすぎると、あまり感じがよくないのです。

そのようなことがないようにするには、Thank you, but no. のほうが感じがよいのです。

ていねいに依頼（いらい）するとき Would you ～？または Could you ～？を使い、「よろしいですよ。」なら、Certainly. 「無理ですよ。」なら、Certainly not. を使う法則

「私にいくらかお金を貸（か）していただけませんか。」

"Would you lend me some money?"

ウッヂュ　レン・ミースムッ　マニィ

"Could you lend me some money?"

クッヂュ　レン・　ミースムッ　マニィ

「よろしいですよ。」　"Certainly."

サ～トゥンリィ または サ～・ンリィ

「無理ですよ。」　"Certainly not."

依頼の意味で、Will you ～？または Can you ～？を使うとき、その答えは Sure. Okay. All right. のうちのどれかを言えばよい法則

- 私の仕事を手伝ってもらえる？

Can you help（me）with my work?

Will you help（me）with my work?

いいとも。　Okay.

もちろんいいよ。　Sure.

いいですよ。　All right.

ここが知りたい

質問　「いいですよ。」をあらわす英語が何種類も出てきましたが、使い分け方のコツはありますか。

答え　　よい質問ですね。次のように覚えておいてください。

「いいですよ。」にあたる言い方は、５種類があるが、少しずつちがいがある法則

ここが大切

（１）Okay.〔オーウケ　イ〕　オーケー。／いいですよ。
Yes. のかわりにもっともよく使われるくだけた言い方。

（２）Sure.〔シュアァ〕　もちろん。／いいよ。
親しい感じが伝わる、くだけた言い方。

（３）All right.〔オーォ　ウラーイ・〕　よろしいですよ。
Okay. よりも少しかたい言い方。

（4）Certainly.〔サ～トゥンリィ，サ～・ンリィ〕 かしこまりました。
Sure. よりもあらたまった言い方。

（5）Shall we dance?　いっしょにダンスをしましょうか。
Yes, let's.　はい、そうしましょう。
No, let's not.　いいえ、するのはやめましょう。

ここが知りたい

質問　Yes, let's. No, let's not. 以外の答え方はないでしょうか。

答え  中学校の教科書では、Yes, let's. と No, let's not. 以外には習いませんが、次のような答え方もあります。

Yes, let's. のかわりに Sure.「いいですよ。」、
No, let's not. のかわりに I'm sorry, I don't want to.
「すみませんが、私はしたくないのです。」
と言うことができる法則

ここをまちがえる

Let's ～ . で「いっしょに～しましょう。」だと覚えているとまちがうことがあります。

- ええっと。　Let's see.

ここが知りたい

質問　Let's は、何かの短縮形（たんしゅくけい）なのですか。

答え  よい質問ですね。

Let's は Let us を短縮した形だと覚える法則

ここが知りたい

質問　Will you ～？には「～するつもりですか。」と「～してくれますか。」の２つの意味があるのですか。

答え  時と場合によって、どちらの意味で使うかを判断します。

「～するつもりですか。」をあらわす Will you ～？に対する答えは、Yes, I will.　No, I won't. という法則

- あなたは今夜、家にいますか。

Will you stay home tonight?
ウィリュー ステーィ ホーゥムッ チュナーイ・

はい、います。　　Yes, I will.
いいえ、いません。　No, I won't.

ここをまちがえる

- want to〔ワン・トゥッ　または　ウォン・トゥッ〕～したい
- won't〔ウォーゥン・〕～するつもりはない、～しないでしょう

発音をまちがえると意味が反対になるので、まちがわないように注意してください。

「～ができる」を英語では、can または be able to であらわすことができる法則

- 私は自転車に乗ることができます。

I can ride a bike.
I am able to ride a bike.

ここが知りたい

質問　can と be able to の意味はまったく同じなのですか。

答え  中学校では、まったく同じであると習いますが、少しちがいます。次のように覚えてください。

can には〈身体的にできる〉という意味と〈やり方を知っている〉という意味の２つがある法則

- 私は歩くことができます。〔身体的にできる〕

I can walk.

- 私は自転車に乗れます。〔やり方を知っている〕

I can ride a bike.
アーィ ケンゥラーイダ バーィクッ

やり方を知っているという意味の can を be able to に言いかえることはさけたほうがよい法則

あなたは日本語が話せますか。

〔○〕Can you speak Japanese?

〔△〕Are you able to speak Japanese?

ここが知りたい

質問　can と be able to が同じ意味なので、書きかえることができると中学校では習いますが、やり方を知っているという意味ではさけたほうがよいことをはじめて知りましたが、なぜなのですか。

答え  とてもよい質問です。

中学校や高校でもこの２つのちがいを習うことはないので、書きかえができると覚えてもらってもよいと思います。

次のように覚えてください。

be able to は「～するのがじょうずです」
「～するのが得意です」という意味ですが、
「～をする能力がある」または「～の仕方を知っている」
をあらわす can と書きかえると意味がちがってくる法則

（a）I can speak English.

（b）I am able to speak English.

（a）と（b）をくらべると、（a）は「私は英語を話す能力をもっている。」、（b）は「私は英語を話すのが得意です。」となります。

もしあなたがアメリカ人だとしたら、どちらの英語を使いますか。アメリカ人なら生まれつき英語を話せるので、「私は英語を話すのが得意です。」とは言いません。

このことから、I am able to speak English. が使えない場合があることがわかります。

ここが知りたい

質問 I can speak Japanese. と I am able to speak Japanese. は、英語としてはあっていても、使う人によってふさわしくないときがあるということですね。

答え  その通りです。次のように覚えておいてください。

日本人だから「日本語が話せるよ。」と言うときは、I can speak Japanese.　アメリカ人が「日本語を話せるよ。」と言うときは、I am able to speak Japanese. となる法則

can の過去形の could をできるだけ使わないで、was［were］able to を使うほうがよい法則

中学校の英語では、could の使い方を習わないので、was［were］able to で「～できた」をあらわしてください。

- 私は子供のときは泳ぐことができた。
  I was able to swim when I was a child.
  アーィ ワ デーィボー チュ スウィムッ ウェナーィ ワザ チァーイオドゥッ

ここが知りたい

質問　なぜ could を使わないほうがよいのですか。

答え  could には「できた」という意味のほかに別の意味があるからです。

could には「～できた」以外に「～できるかもしれないしできないかもしれない」という意味がある法則

- 私はそのテストに受かることができた。
  I was able to pass the test.
- 私はそのテストに受かるかもしれないし受からないかもしれない。
  I could pass the test.

「〜できた」をあらわしたいときは、ふつうの動詞の過去形を使うか was［were］able to を使ってあらわす法則

ここが知りたい

質問　なぜふつうの過去形で、「〜できた」をあらわすことができるのですか。

答え　よく考えるとすぐにわかると思います。「私はそのテストに受かった。」といえば、「私はそのテストに受かることができた。」と意味が同じだからです。

can を使って未来をあらわしたいときは、will be able to，過去をあらわしたいときは、was［were］able to を使えばよい法則

- 私は泳げます。　I can swim.〔現在〕
- 私は泳げるようになるでしょう。　I will be able to swim.〔未来〕
- 私は泳ぐことができた。　I was able to swim.〔過去〕
- 私は泳いだ。　I swam.〔過去〕
  アーィ スウェァムッ

can は主語の次にきているときは、〔ケン〕または〔クン〕、英文の最後にきているときは〔キャ ンヌ〕と発音する法則

- I can〔ケン／クン〕speak English.
- Yes, I can.〔キャ ンヌ〕

主語の次にくる can をキャンのように言うと、can't とまちがえられることがある法則

- I can't 〔キャン・〕 swim.

t と s がローマ字読みにならないため、前の t を飲み込んで s から発音するので、can と can't がほとんど同じになるのです。

動詞の現在形が can の意味をふくんでいることがあるので、can を入れても入れなくても同じ意味になることがある法則

- 私は日本語を話す。　I speak Japanese.
- 私は日本語が話せる。　I can speak Japanese.

- あなたは日本語を話しますか。　Do you speak Japanese?
- あなたは日本語を話せますか。　Can you speak Japanese?

日本語を話せるから日本語を話すので、can がなくても意味はかわりません。

Can you speak Japanese? と言うよりは、Do you speak Japanese? と言うほうがよい法則

can からはじめると、あまりにも直接相手の能力を聞くことになるので、Do you speak Japanese? と言ったほうがよいという意味です。

助動詞が２つ重なってはいけないので、will can なら will be able to、will must なら will have to とする法則

（１）私は走ることができる。

I can swim. ＝ I am able to swim.

（２）私は泳げるようになるでしょう。

〔×〕I will can swim. ＝〔○〕I will be able to swim.

（３）私は泳がなければならない。

I must swim. ＝ I have to swim.

（４）私は泳がなければならないでしょう。

〔×〕I will must swim.　〔○〕I will have to swim.

must の意味を使って、過去のことをあらわしたいときは、had to を使うとよい法則

- 私は学校へ行かなければならない。

（a）I must go to school.

（b）I have to go to school.

- 私は学校へ行かなければならなかった。

I had to go to school.

don't have to（～する必要はない）の意味を過去で使いたいときは、didn't have to にすればよい法則

- 私は学校へ行く必要はない。

I don't have to go to school.

- 私は学校へ行く必要はなかった。

I didn't have to go to school.

have to は、〔ヘァ フットゥッ〕、has to は、〔ヘァ スットゥッ〕、had to は、〔ヘァッ・トゥッ〕と読むのがふつうだの法則

ここが知りたい

質問　なぜ、読み方が単語の発音通りではないのですか。

答え  中学校ではなぜ読み方が変化しているのかについて、習っていないかもしれません。次のように理解してください。

発音がしやすいように to〔トゥッ〕にあわせてヴッをフッに、ズッをスッに、ドゥッ をトゥッに変えて発音しているので、have to〔ヘァ フットゥッ〕、has to〔ヘァ スットゥッ〕、had to〔ヘァッ・トゥッ〕となる法則

ここが知りたい

質問　発音がしやすいというのは、どういう意味ですか。

答え  くわしく説明します。

have〔ヘァヴッ〕、to〔トゥッ〕このようになっていると、〔ヴッ〕は声で発音していて、〔トゥッ〕は息で発音しているので、このままでは発音しにくいのです。

この場合は、〔トゥッ〕にあわせて〔ヴッ〕を〔フッ〕にすることで、〔フットゥッ〕となり、〔フットゥッ〕を息だけで発音することができるようになり、発音しやすくなります。

had to は、〔ヘァッドゥッ　トゥッ〕なので、〔ヘァットゥッ　トゥッ〕になりますが、トゥッが２つきているので、１つめの〔トゥッ〕を発音せずに２つめの〔トゥッ〕を発音するため、〔ヘァッ・トゥッ〕と発音します。

don't は〔ドーゥン・〕、didn't は〔ディドゥン・〕または〔ディ・ン・〕と発音する法則

英語では、don't の次にくる単語の頭の音がローマ字のようにならないときは、't〔トゥッ〕をほとんど発音しません。Didn't も 't〔トゥッ〕のあとを発音しないほうが英語らしく聞こえます。

didn't〔ディ・ン〕と書いてあるのは、ディのところで息（いき）を止めて・のところで鼻（はな）から息をぬきながら〔ン〕を発音すると英語らしく聞こえるという意味です。

Certainly も〔サ～トゥンリィ〕と言うこともできますが、〔サ～・ンリィ〕のように発音すると英語らしく聞こえる法則

didn't を〔ディ・ン・〕と発音したように〔サ～・ンリィ〕と発音してください。

練習問題

〔1〕will、must、have to、be going to、don't have to、mustn't のうちから1つ選んで（　　　）に入れてください。

（1）(a) 未来のことをすでに決めているときは、（　　　　）。

(b) 話の途中に決めたときは、（　　　　）。

（2）(a)（　　　　）は話し手自身の気持ちをあらわしているのに対し、

(b)（　　　　）は、まわりの事情で「～しなければならない」と言うときに使う。

（3）(a)（　　　　）は「何かをしないといけないことが重要である」。

(b)（　　　　）は「～することは重要ではない」。

解答と解説

（1）(a) be going to　(b) will　（2）(a) must　(b) have to

（3）mustn't　（4）don't have to

　be going to の be は主語によって、am、are、is となります。have to は主語によって has を使います。don't have to は、主語によって doesn't have to になることもあります。

〔2〕(a)～(d) の中から適当なものを選んで次の（　　　）に入れてください。

(a) 100%決定　(b) 決定して準備中

(c) すでに決定、ただし予定がかわることもある

(d) 今、決定

（1）主語＋動詞〔0単語〕なら（　　　　）

（2）主語＋ will ＋動詞〔1単語〕なら（　　　　）

（3）主語＋ be 動詞＋動詞の ing 形〔1単語〕なら（　　　　）

（4）主語＋ be going to ＋動詞〔3単語〕なら（　　　　）

解答と解説

（1）a　（2）d　（3）b　（4）c

主語の動詞の間にどれぐらい単語があるかで、使い方を覚えておくとよいでしょう。

〔3〕次の（　　　）に適語を入れてください。

（1）雨が降りそうです。〔自分の考えの場合〕

（　　　）（　　　）（　　　）rain.

（2）雨が降るそうです。

（　　　）（　　　）that it（　　　）rain.

解答と解説

（1）It's going to

（2）They say、will

雨が降りそうだと自分が思ったら be going to、そうでなければ will。

〔4〕次の（　　　）に適語を入れてください。

（1）学校では「〜すべきです」という意味で習いますが、実際には、「〜したほうがよいですよ」のような意味の（　　　）

（2）「〜しなければならない」という命令で使えるのは（　　　）

解答と解説

（1）should

（2）must　must よりも should のほうがていねいな英語です。

〔5〕次の（　　　）に適当な日本語を入れてください。

（1）must　～しなければならない、（　　　　）

（2）will　～するつもり、（　　　　）

（3）may　～してもよい、（　　　　）

（4）can't　～することができない、（　　　　）

解答と解説

（1）にちがいない　（2）でしょう　（3）かもしれない

（4）はずがない

可能性の高いものから順番に可能性をあらわしている日本語を入れればよいのです。

〔6〕次の（　　　）に適語を入れてください。

（1）窓を開けてもらえますか。〔親しい間柄で〕

（　　　）you open the window?

（2）窓を開けてくれますか。〔上下関係がある〕

（　　　）you open the window?

（3）窓を開けていただけますか。

(a)（　　　）you open the window?〔W から始めて〕

(b)（　　　）you open the window?

（4）「いっしょにダンスをしましょうか。」

(a) "（　　　）（　　　）dance?"

(b)「はい、そうしましょう。」"Yes,（　　　）."

(c)「いいえ、するのはやめましょう。」

"No,（　　　）（　　　）."

解答と解説

（１）Can　（２）Will　（３）（a）Would　（b）Could

（４）（a）Shall we　（b）let's　（c）let's not

will や can の過去形を使うと、ていねいな英語になります。

〔７〕次の（　　　　）に適語を入れてください。

（a）Yes, lets. のかわりに（　　　　）や Okay.

（b）No, let's not. のかわりに I'm sorry, I don't（　　　　）（　　　　）. を使うことができる。

（c）Let's を使った表現で、「ええっと」を英語で（　　　　）（　　　　）. という。

（d）Let's のもとの形は（　　　　）（　　　　）である。

解答と解説

（a）Sure　（b）want to　（c）Let's see　（d）Let us

Let's sing. ならば、「いっしょに歌いましょう。」

Let us sing. ならば、「私たちに歌わせてよ。」

〔８〕次の（　　　　）に適語を入れてください。（　　　　）に入れる単語は１語とは限りません。

（１）（a）「あなたは今夜、家にいますか。」

“（　　　　）you stay home tonight?”

（b）「はい、います。」　“Yes, I（　　　　）.”

（c）「いいえ、いません。」　“No, I（　　　　）.”

（２）私は日本語が話せます。〔日本人の場合〕

（a）I（　　　　）speak Japanese.

（b）私は日本語を話すことはできますよ。〔アメリカ人の場合〕

I（　　　　）speak Japanese.

（３）私は子供のときは泳ぐことができました。

I（　　　　）（　　　　）（　　　　）swim when I was a child.

解答と解説

（1）（a）Will　（b）will　（c）won't

（2）（a）can　（b）am able to　（3）was able to

日本人が日本語を話せるのが当たり前だというときは、can。

アメリカ人が、日本語を勉強したから話せるのだということを言いたいときは、am able to。

〔9〕次の指示にしたがって、英文を書きかえてください。

（1）I can swim.

（a）〔未来をあらわす文に〕＿＿＿＿＿＿＿＿＿＿＿＿.

（b）〔過去をあらわす文に〕＿＿＿＿＿＿＿＿＿＿＿＿.

（2）I have to study English.

（a）〔未来をあらわす文に〕＿＿＿＿＿＿＿＿＿＿＿＿.

（b）〔過去をあらわす文に〕＿＿＿＿＿＿＿＿＿＿＿＿.

（3）I don't have to run.

（a）〔過去をあらわす文に〕＿＿＿＿＿＿＿＿＿＿＿＿.

Do you have to run?

（b）〔過去をあらわす文に〕＿＿＿＿＿＿＿＿＿＿＿＿.

解答と解説

（1）（a）I will be able to swim.

（b）I was able to swim.

（2）（a）I will have to study English.

（b）I had to study English.

（3）（a）I didn't have to run.

（b）Did you have to run?

will の次はいつも動詞の原形か be になります。

11 接続詞の使い方をマスターしよう

接続詞とは、[文と文] または [単語と単語] または [語句と語句] を結びつける接着剤(せっちゃくざい)のようなものです。

接着剤の１種にボンドがあります。これはボンドという商品名の接着剤ですが、英語では bond〔ボンドゥッ〕と書くと、「(愛情などの) きずな、結びつき」という意味があります。文と文　または　単語と単語などが、かたいきずなで結びついていると考えれば、接続詞の意味がよくわかるでしょう。

(1)完全な英文＋接続詞＋完全な英文
(2)接続詞＋完全な英文,(コンマ)完全な英文
文と文を結びつける接続詞には
２つのパターンがある法則

(例) 私があなたを見たとき、あなたはねていました。

(1) You were sleeping when I saw you.
ユー　ワ〜　スリーピン　ウェナーィ　ソー　ユー

(2) When I saw you, you were sleeping.

ここが知りたい

質問　接続詞が入った１つの日本文を２種類の英文であらわすことができるということですか。

答え  そういうことです。

When(〜したとき)から始まっているときは、次の主語から始まる英文の前に ,(コンマ)をうたないといけないという法則

次は、１つめの英文がどこで切れているかを知らせるための法則です。

when(〜するとき，〜したとき)、if(もし〜すれば)は同じパターンで使われる法則

- 私のかわりにトニー君によろしく言ってくださいね、もし彼を見かけたら。
  Please say hello to Tony for me if you see him.
  プリーズ　セーィ ヘローゥ トゥ トーゥニィ フォミー イフ ユー スィー ヒムッ

- 私のかわりにトニー君によろしく言ってくださいね、あなたが彼を見かけたら。
  Please say hello to Tony for me when you see him.

when や if などの接続詞がきている完全な英文があるときは、未来のことでも現在形を使う法則

- もしあす天気なら、私は出かけますよ。
  If it's a nice day tomorrow, I'll go out.
  イフ イッツァ ナーィス デーィ トゥマゥローゥ アーィオ ゴーゥ アーゥトゥッ

ここが知りたい

質問　未来のことをあらわすときは、ふつう will を入れると習いましたが、when や if などの接続詞が入っている完全な英文があるときは、will を使わないということですか。なぜ will を入れなくてもよいのですか。

答え  するどい質問ですね。

英文法で、副詞のはたらきの単語または語句、副詞節（when や if が入った完全な英文）があります。

副詞のはたらきとは、かんたんに言うとおまけ（つけ加え）のようなものなので、それほど大切なものではありません。大切でない副詞節の中の動詞はいつも現在形を使います。

一番言いたいことは大切ですから、未来をあらわしているときは、［will ＋動詞の原形］にしなければならないということです。

副詞節では、いつも主語＋動詞の現在形を使って
未来のことをあらわす法則

質問　副詞節はとにかくつけ加えの英文であるということですね。

答え  そう言うことです。次のように覚えておいてください。

副詞節（when、if ＋完全な英文）の部分を手でかくして、
残りの英文で意味がよくわかればかくした部分が
おまけのはたらきであることがわかる法則

完全な英文,〔but +完全な英文.〕と〔Though +完全な英文, 完全な英文.〕でほとんど同じ内容をあらわせる法則

（1）寒いが〔けれども〕私は出かけますよ。

It's cold, but I'll go out.
イッツ コーゥオドゥッ バッ・アーィオ ゴーゥ アーゥトゥッ

（2）寒いけれども、私は出かけますよ。

Though it's cold, I'll go out.
ぞーゥ　イッツ コーゥオドゥッ アーィオ ゴーゥ アーゥトゥッ

解説します。

（1）寒い＋しかし＋私は出かけますよ。

It's cold, but I'll go out.

（2）寒いけれども、私は出かけますよ。

Though it's cold, I'll go out.

but と though は、ほとんど同じ内容をあらわすときに使える接続詞ですが、置く場所がちがうので注意が必要です。

A and B（A と B）のようにして同じ種類のことばをつなぐことができる法則

- あなたと私は友だちです。　You and I are friends.

どのことばとどのことばをつないでいるかを知るためには、次のようにするとよくわかります。

You
and　are friends.
I

- 私は英語を勉強しました。そして、ねました。

I studied English and went to bed.
アーィ スタディードゥッ イングリッシッ エァン・ウェントゥッ ベッ・

I [studied English / and / went to bed.]

このようにすると、I を２回いわなくてもすむことがわかります。

Why〔ワーィ〕なぜ、と聞かれたら Because〔ビコーズ〕なぜならば～だからと答える法則

- なぜあなたは私のことが好きなんですか。

Why do you like me?
ワーイ　ジュユ　ラーイクッミー

- なぜならば、あなたがとても親しみやすいから。

Because you're very friendly.
ビコーズ　ユアァ　ヴェウリイ フウレン・リイ

Why と聞かれたときは、Because のほかに To（～するために）を使うこともできる法則

- なぜあなたは英語を勉強しているのですか。

Why do you study English?
ワーィ　ジュユ　スタディ　イングリッシッ

- なぜならば、私はアメリカに行きたいからです。

Because I want to go to America.
ビコーズ　アーイ ワン・チュ ゴーウチュ アメゥリカ

- アメリカに行くためです。

To go to America.
チュ ゴーゥ チュ　アメゥリカ

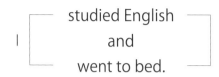

to ＋動詞で「～するため」をあらわし、to を使って、「～に」という到着地点をあらわす法則

完全な英文の前に that を置いて、「～だということ」をあらわす法則

- トニーさんは先生です。
  Tony is a teacher.
- トニーさんは先生であるということ
  that Tony is a teacher

文を〔that ＋文〕にすると、名詞のはたらきをするかたまりにかえることができる法則

- トニーさんは英語を教えています。〔文〕
  Tony teaches English.
- トニーさんが英語を教えているということ〔かたまり〕
  that Tony teaches English

〈何を〉という疑問が生まれるとき、〔that ＋文〕にすることで動詞のあとに置くことができる法則

- 私はトニーさんが先生であるということを知っています。

I know that Tony is a teacher.

解説します。

I know　that Tony is a teacher.
私は知っています〈何を〉トニーさんが先生であるということ

接続詞の that は省略することもできる法則

- 私はトニーさんが先生であるということを知っています。

  I know (that) Tony is a teacher.

think (～だと思う)、know(～を知っている)、believe (～を信じている)の次に〔that ＋完全な英文〕をともなう法則

- 私はトニーさんがとても親しみやすいと思います。

  I think (that) Tony is very friendly.

ここが知りたい

質問　なぜ that を省略できるのですか。

答え  文法的には that ＋完全な英文にしてはじめて名詞のはたらきをするかたまりになるのですが、世の中の流れで that を省略することが多くなってきています。

次のように覚えておいてください。

「私は知っているよ、トニーさんは先生なんです。」と言いたいときは、I know Tony is a teacher. と言えばよい法則

「私はトニーさんが先生であるということを知っています。」と正確に言いたいときは I know that Tony is a teacher. と言えばよい法則

話しことばでは、that を省略し、書きことばでは、that ＋完全な英文にする法則

ここが知りたい

質問　接続詞の that は「あれ」または「それ」をあらわす that とどこがちがうのですか。

答え  どちらの that も同じ考えで使っています。

I know that（私はそれを知っている）「それ」とは、Tony is a teacher（トニーさんが先生であるということ）のように理解しておくと覚えやすい法則

ここが知りたい

質問　that ＋完全な英文が名詞のはたらきをするかたまりになるということは、１つの名詞として使えるのですか。

答え  中学校の英文法では習いませんが、実際には名詞のかわりにどこにでも置くことができます。

トニーさんが先生であるということは本当です。

That Tony is a teacher is true.

ただし、この英文は is の左側にたくさんの単語がきているので、It（それ）を使って次のように書きかえることがふつうです。

It is true　　　　　　that Tony is a teacher.
（それは本当です。）〈何が〉トニーさんが先生であるということ

（発音）It is true〔イティズ　チュルー〕は It's true〔イッツ　チュルー〕と言うことがふつうです。

英語では、is の右側に単語の数が多いほうが自然な英語だと考えられているので、〔It's ～ that ＋完全な英文.〕のパターンをとることが多い法則

ここが知りたい

質問　I know that Tony is a teacher. を読むとき、もし切るとすれば、どこで切ればよいのですか。

答え  これはとてもむずかしい問題です。次のように考えてください。

学校英語では、〔that ＋英文〕の部分を切らずに一気に読むことになっている法則

ただし、実際にはアメリカ人などが I know that（私はそれを知っています）、Tony is a teacher（トニーさんが先生であること）と考えている可能性があるので、次のように考えることもできます。

アメリカ人などは、I know that で切って、次の英文を言うことがある法則

受験のことを考えると、学校英語で教えているほうを覚えておくとよいでしょう。

肯定文のときは、A and B、
否定文のときは、A or B で A も B も　をあらわす法則

ここをまちがえる

- あおいさんは歌って踊れる。　Aoi can sing and dance.
  アオイ　ケン　スィン・　アン・　デァンスッ
- 私は歌も踊りもできません。　I can't sing or dance.
  アーィ キャン・ スィン・ オアァ デァンスッ

ここが知りたい

質問　否定文のときに and は使えないということですか。

答え  学校英語においては絶対だめですが、実際には and をまちがって使う英米人もいます。

A（⤴）or B（⤵）は「どちらか」を選び、
A（⤴）or B（⤴）は、「A か B など」をあらわす法則

- 紅茶になさいますか、コーヒーになさいますか。
  Would you like tea（⤴）or coffee（⤵）?
  ウッチュ　ラーィクッ ティー　オアァ　コーフィ
- 紅茶、コーヒーなどほかにもありますが、どうなさいますか。
  Would you like tea（⤴）or coffee（⤴）?
  ウッジュ　ラーィクッ ティー　アァ　コーフィ

A（⤴）or B（⤵）の or は〔オアァ〕、
A（⤴）or B（⤴）の or〔アァ〕のように弱く言う法則

12 There is [are] 構文の正しい使い方を覚えよう

ここからは、**There is〔are〕構文**について勉強します。

「昔あるところにおじいさんとおばあさんが住んでいました。」このような日本の昔ばなしをお読みになったことがあると思います。

There is〔are〕構文というのは、〔はっきりしないものがどこどこにあります。〕という意味で使うことができる便利な表現形式なのです。

A（あるもの〔人〕）がB（どこどこ）にある〔いる〕をあらわすときにThere is〔A〕～ in〔B〕. を使う法則

- 私の部屋には窓が１つあります。

  There is a window in my room.

- ある英語の先生があの教室にいます。

  There is an English teacher in that classroom.

  ゼアウリ ザ　ニングリッシッ　ティーチァ　イン ゼァッ・クレァスッゥルームッ

- 私の部屋には窓が２つあります。

  There are two windows in my room.

a＋名詞ならばis、名詞sならばareになる法則

数えられない名詞の場合には、いつも is を使う法則

- このポットには、少しミルクが入っています。

  There is a little milk in this pot.
  ゼアウリ　ザ　リトー　ミオク イン ずイスッ パツ・

ここが知りたい

質問　There is〔are〕～構文．のどこに、「いる」または「ある」という意味があるのですか。

答え  よい質問ですね。次のように覚えておいてください。

is〔are〕に「ある」または「いる」という意味があり、There には特別な意味がない法則

ここが知りたい

質問　それでは、there〔ゼアァ〕そこに、という単語とは使い方がちがうのですか。

答え  するどい質問ですね。次のように覚えてください。

There is の There は弱く読みますが、「そこに」という意味の there は強く読む法則

- そこに１ぴきのネコがいます。

  There is a cat there.
  〔ゼァゥリザ〕　〔ゼアァ〕

はっきりした[物]または[人]が「どこどこにある」または「いる」をあらわしているときは、There is〔are〕～.構文は使えない法則

- 私の本はあなたの机の上にあります。
  My book is on your desk.
- 東京タワーは東京にあります。
  Tokyo Tower is in Tokyo.

ここが知りたい

質問　There is Tokyo Tower in Tokyo. という英文はないということですか。

答え　 その通りです。ただし、少しだけ例外があります。

There is Tokyo Tower! の There を強く発音することで、「ほら、そこに東京タワーがありますよ。」という意味をあらわせる法則

- ほら、そこに東京タワーがありますよ。〔見えていますよ。〕
  THERE is Tokyo Tower!

ここが知りたい

質問　ということは、There is の There を強く読むと「ほら、そこに」のような意味になり、弱く読むときは、はっきりした物や人がきていないときのみに使えるということですか。

答え  よく理解していますね。すばらしいですよ。

物ではなくある人またはある動物がどこどこにいるをあらわすときは、Two cats are in our garden. とThere are two cats in our garden.の２種類の言い方ができるという法則

- ２ひきのネコが私たちの庭にいます。

（１）Two cats are in our garden.
チュー　キャッツアー　イナワ　ガードウンヌ

（２）There are two cats in our garden.

解説します。「ある人」または「動物がどこどこにいる」という日本語を英語に直すと、上の（１）と（２）のような英文ができます。

物が主語の場合は、〔主語＋ be 動詞～.〕のパターンを使わずに、〔There is［are］～.〕のパターンを答えにするとよい法則

have には、〔There is〔are〕～.〕の意味があるので、〔A（大きいもの）has B（小さいもの）＝ There is B in A.〕で同じ意味をあらわすことができる法則

私の部屋には窓が２つあります。

（１）My room has two windows.
マーイ ゥルームッ ヘァズ チュー ウィンドーゥズ

（２）There are two windows in my room.

〔A has B.〕のパターンは、一時的ではなく、ずっとあるもののみに使う法則

ここをまちがえる

私たちの庭にはネコが２ひきいます。

〔×〕Our garden has two cats.

〔○〕There are two cats in our garden.

〔○〕Two cats are in our garden.

A is in B. を There is A in B. に言いかえできるように、isのかわりに動詞を置いても同じように言いかえることができる法則

（1）ある少年が丹波篠山に住んでいました。

① A boy lived in Tamba-Sasayama.
ァボーィ　リヴディン　タンバササヤマ

② There lived a boy in Tamba-Sasayama.

（2）ある音楽の先生が私たちの教室に入ってきました。

① A music teacher came into our classroom.
ァ ミューズィッ・ティーチァ　ケーィミントゥッ アーゥア クレアスッゥルームッ

② There came a music teacher into our classroom.

（解説）ここでは、in ではなく、into（〜へ）のあるパターンを紹介しています。

（3）ある少年があそこで泳いでいます。

① A boy is swimming over there.
ァボーィ イズ　スウィミン・ オーゥヴァ ゼアァ

② There is a boy swimming over there.

（解説）ここでは、進行形のパターンを紹介しています。はじめのThereを弱く、over thereの〔ぜアァ〕を強く発音してください。

下線を問う文を練習すると英語力がつく法則

《これだけは何回も口慣らしをして自分のものにしてください》

（1）私たちの町には駅が２つあります。

Our town has two stations.

Does your town have two stations?

あなたたちの町にはいくつの駅がありますか。

How many stations does your town have?

（2）私たちの町には駅が２つあります。

There are two stations in our town.

Are there two stations in your town?

あなたたちの町には駅がいくつありますか。

How many stations are there in your town?

（解説）

two stations → How many stations

our（私たちの）→ your（あなたたちの）

この２つの点に注意して、疑問詞のついた疑問文をつくるようにしてください。

練習問題

〔1〕次の（　　　）に適語を入れてください。

（１）私の部屋には窓が２つあります。

(a) My room（　　　）two windows.

(b)（　　　）（　　　）two windows（　　　）my room.

（２）あなたの部屋には窓が２つありますか。

(a)（　　　）your room（　　　）two windows?

(b)（　　　）（　　　）two windows（　　　）your room?

（３）あなたの部屋には窓がいくつありますか。

(a)（　　　）（　　　）（　　　）does your room（　　　）?

(b)（　　　）（　　　）（　　　）（　　　）（　　　）（　　　）your room?

（４）私のかばんは私の机の上にあります。

（　　　）（　　　）（　　　）（　　　）my desk.

（５）京都タワーは京都にあります。

Kyoto Tower（　　　）（　　　）Kyoto.

（６）そこにネコが２ひきいますよ。

（　　　）（　　　）two cats（　　　）.

解答と解説

（１）(a) has　(b) There are, in

（２）(a) Does、have　(b) Are there、in

（３）(a) How many windows、have

(b) How many windows are there in

（４）My bag is on　（５）is in　（６）There are、there

There is の There は弱く、「そこに」の意味の there は強く発音します。

〔2〕次の英語を There から始まる英文に書きかえてください。

（1）A boy lived in Tamba-Sasayama.

____

（2）An English teacher came into our classroom.

____

（3）A boy is swimming over there.

____

解答と解説

（1）There lived a boy in Tamba-Sasayama.

（2）There came an English teacher into our classroom.

（3）There is a boy swimming over there.

〔3〕次の英文の中で正しいものには○、まちがっているものには×をつけてから正しい英文に書きかえてください。

（1）〔　〕There is my cat in my room.

____

（2）〔　〕There is Tokyo Tower in Tokyo.

____

（3）〔　〕There is a boy playing in the park.

____

解答と解説

（１）〔×〕My cat is in my room.

（２）〔×〕Tokyo Tower is in Tokyo.

（３）〔○〕

はっきりしたものが主語になっている場合は、There is からはじめることはできません。

〔４〕次の〔　〕に正しければ○、まちがっていれば×をつけてから、まちがっている理由を書いてください。

（１）私たちの庭には野良（のら）ネコが２ひきいます。

（a）〔　　〕Our garden has two stray cats.

（b）〔　　〕There are two stray cats in our garden.

（c）〔　　〕Two stray cats are in our garden.

（２）私たちの町には学校が５つあります。

（a）〔　　〕Our town has five schools.

（b）〔　　〕There are five schools in our town.

（３）４月は30日あります。

（a）〔　　〕April has thirty days.

（b）〔　　〕There are thirty days in April.

解答と解説

（１）（a）〔×〕私たちの庭ができたときに、はじめから２ひきの野良ネコがいたわけではないので、この英文は正しくありません。

（b）○　（c）○

（２）（a）○　（b）○　（３）（a）○　（b）○

（発音）two stray cats〔チュー　スチュレーィ　キャッツッ〕

thirty days〔さ～ティ　デーィズッ〕

中学２年

13 不定詞と動名詞の使い方をマスターしよう

ここからは、不定詞の勉強をします。不定詞の不定を定まらないと考えればよいでしょう。

ふつうなら、I am、You are、Tony is、We are のように、主語の次に何がくるかが、あるルールによって定まっているのです。ところがこの不定詞の場合には、定まることがないので be を使います。

〔to ＋ be〕または〔to ＋動詞の原形（s のつかない形）〕をとる不定詞の法則

ここが知りたい

質問　この〔to ＋ be〕または〔to ＋動詞の原形〕をどのようなときに使うのですか。

答え  まだほとんど、どのような使い方をするかについては話をしていません。次のように考えてください。

１つの英文の中に動詞または be 動詞が２つくるときは、２つめの（be）動詞の前に to を置く法則

（1）私はあなたに会えてうれしい。

私はうれしい　〈なぜ〉　会えて　〈だれに〉　あなたに

I am happy　to　see　you.

（2）私はこの本を買うために大阪へ行きました。

私は大阪へ行きました　〈何のために〉　買う　〈何を〉　この本

I went to Osaka　to　buy　this book.

ここが知りたい

質問　2つめの動詞の前に to がきているのはわかりました。

1つ気づいたのは〈なぜ〉または〈何のために〉という疑問がきているところに to がきているように思います。そのように考えてよいのですか。

答え  お考えの通りです。もう少しくわしく説明します。

to 不定詞には、名詞的用法、形容詞的用法、副詞的用法の3つのパターンがある法則

〈何が〔を〕〉という疑問が生まれたら名詞、〈どんな〉という疑問が生まれたら形容詞、〈なぜ〉または〈何のために〉という疑問が生まれたら副詞と考えればよい法則

（1）私は泳ぐことが好きです。

私は好きです　〈何が〉　泳ぐこと

I like　〈to〉　swim.

（2）私の夢は先生になることです。

私の夢ですよ　〈何が〉　なること　〈何に〉　先生

My dream is〈 to 〉 be a teacher.

（解説）このように、**〈何が〉**という疑問が生まれていると**名詞的用法**です。

（1）私は読む本がほしい。

私はほしい　〈何が〉　本　〈どんな本〉　読む

I want a book 〈 to 〉 read.

（2）私は何か読むものがほしい。

私はほしい　〈何が〉　あるもの　〈どんなもの〉　読む

I want something 〈 to 〉 read.

（解説）このように、**〈どんな〉**という疑問が生まれているときは、名詞をくわしく説明するときに使う**形容詞的用法**と考えられます。

（1）私はあなたに会えてうれしい。

私はうれしいです　〈なぜ〉　会えて　〈だれに〉　あなた

I am happy 〈 to 〉 see you.

（2）私はあなたに会うためにここに来ました。

私はここに来ました　〈何のために〉　会う　〈だれに〉　あなた

I came here 〈 to 〉 see you.

（解説）このように、**〈なぜ〉**または**〈何のために〉**という疑問が生まれたら、**副詞的用法**です。

want to となっていたら「〜したい」、
'd like to となっていたら「できれば〜させていただきたい」
と覚えればよい法則

- 私はあなたといっしょにテニスをしたい。

  I want to play tennis with you.

- （できれば）私はあなたといっしょにテニスをさせていただきたい。

  I'd like to play tennis with you.

ここが知りたい

質問　'd は何の省略ですか。

答え  もっともな質問ですね。次のように覚えてください。

'd like to は、would like to と覚えればよい法則

質問　なぜ want to と 'd like to が同じような意味になっているのですか。

答え  これも、だれも不思議に思うことだと思います。
次のように覚えてください。

like to には「〜するのが好きだ」と「〜したい」という意味がある法則

- 私は泳ぎたくない。　I don't like to swim.

ここが大切

I like to swim. は「私は泳ぐのが好きです。」という意味で中学校では習いますが、「好きだから、（泳げるのだったら）私は泳ぎたい。ぐらいの気持ちはあります。」と覚えておくとよいでしょう。

ここが知りたい

質問　like と want がほとんど同じで 'd like にするとていねいになると思っていればよいのですか。

答え  たとえば、くだものを買いに行っているときに、「私はこのリンゴがほしい。」なら、I like this apple. と言えば、I want this apple. と同じ意味になり、「私はこのリンゴをいただきます。」なら "I'd like this apple." となります。

質問　この like の前の would はどのようなときに使うのですか。

答え  よい質問です。次のように覚えておきましょう。

Do you ～？のていねいな形が Would you ～？で like のていねいな言い方が would like になる法則

- 「京都はいかがですか。」
  "How do you like Kyoto?"
  「すばらしいです。」
  "It's wonderful."
  イッツッ　ワンダフォー
- 「あなたのステーキの焼き加減(かげん)はどのようにいたしましょうか。」
  "How would you like your steak?"
  ハーゥ　ウッヂュ　ラーィキュア　ステーィクッ
  「よく焼いてください。」
  "Well-done, please."
  ウェオ ダン　プリーズッ

- 「紅茶はどのようにしましょうか。」

“How do you like your tea?”

「濃く〔うすく〕してください。」

“I like it strong［weak］.”

アーイ ラーイキツ・スチュローン・ウイークッ

ここが知りたい

質問　I like it strong. の文の成り立ちを教えてください。

答え  次のように覚えてください。

> **I like it（私はそれが好きです）**
> **it is（それは濃い）の is を省略した形と覚える法則**

質問　このパターンをとる他の表現を知りたいのですが。

答え  わかりました。

〈覚えておくと便利な表現〉

- 私はネコ舌です。

I　can’t drink it hot.

アーィ キャン・ジュリンキッ・ハッ・

- 肉を薄く切ってください。

Cut the meat thin.

カッ　ざ　ミー・すインヌ

> **〔動詞＋名詞＋形容詞〕で名詞の状態を**
> **形容詞であらわせる法則**

I want to eat something. と I want something to eat. はどちらも同じ意味をあらわしている法則

（１）私は何か食べたい。

私はほしい　〈何を〉　何か食べること

I want　　　　to eat something.

（２）私は何か食べるものがほしい。

私は何かほしい　〈どんなもの〉　食べるための

I want something　　　　to eat.

（１）**〈何を〉**という疑問が生まれていると、**名詞**のはたらきをする不定詞となり、（２）**〈どんなもの〉**という疑問が生まれていると、**形容詞**のはたらきをする不定詞となります。

どちらにしても、（１）と（２）はまったく同じ意味をあらわしているので、ひとまとめにして覚えてください。

eat something（何かを食べる）、something to eat（何か食べるもの）のように考えれば、不定詞の形容詞的用法を理解できる法則

① 何かを飲む → 何か飲むもの

drink something → something to drink

② 何か冷たいものを飲む → 何か冷たい飲みもの

drink something cold → something cold to drink

③ 多くのことをする → しなければならないたくさんのこと

do a lot of things → a lot of things to do

④ 多くのものを見る → 見るべきたくさんのもの

see a lot of things → a lot of things to see

ここが知りたい

質問　日本語にするとき、時と場合に応じていろいろな訳し方があるのですか。

答え  次のように理解してください。

〔名詞＋ to ＋動詞〕で、名詞の説明をしている形容詞的用法の場合は、好きなように訳してもよい法則

a book to read

（１）読むための１冊の本

（２）読むべき１冊の本

（３）読まなければならない１冊の本

時と場合に応じて、ぴったりの日本語で訳せばよいのです。

〔動詞＋前置詞＋名詞〕で成り立つ英文を to 不定詞を使って書きかえると、〔名詞＋ to ＋動詞＋前置詞〕になることがある法則

（１）たくさんの友だちといっしょに遊ぶ

play with a lot of friends
プレーィ ウィず アラッタヴッ フゥレンヅッ

→いっしょに遊ぶたくさんの友だち

a lot of friends to play with

（2）ある1軒の家に住む

live in a house

リヴィナ　ハーゥスッ

→住むためのある1軒の家＝住む（ある1軒）の家

a house to live in

（3）イスにすわる

sit on a chair

スィットナ　チェアァ

→すわるためのイス

a chair to sit on

形容詞的用法を理解するために、2つの英文を1つにする方法でマスターすればよい法則

● 私はすわるイスがほしい。

を英語に直したいとき、次のような日本文をつくり、英語に直します。

私はイスがほしい。　　　私はそのイスにすわる。

I want a chair.　　　I sit on the chair.

次に、ほとんど同じ意味をあらわしている2つめの名詞のところを消す。

I want a chair　　I sit on ………

最後に、2つめのIをtoにかえると完成。

I want a chair to sit on.

アーィ ワンタ チェアァ チュ スィットンヌ

to 不定詞の副詞的用法は、よく意味のわかる英文に to ＋動詞を使ってつけ加えられているので、to ＋動詞の部分をかくしても残りの英文だけでよく意味がわかる法則

（1）I am happy to see you.

私はうれしい。

（2）I came here to see you.

私はここに来ました。

この２つの英文の下線部だけで意味がわかるので、to ＋動詞＋名詞の部分がつけ加え（おまけ）であることがわかります。

英語では、つけ加え（おまけ）の部分が副詞のはたらきをしています。

副詞的用法の不定詞の英文を日本語に直したいときは、to ＋動詞＋名詞の部分の前の英文を日本語に訳して、そこでどんな疑問が生まれるかを考え、その疑問に答えるように日本語にすればよい法則

I am happy　to see you.
私はうれしい　〈なぜ、どんな理由〉　あなたに会えて

〔自然な訳〕私はあなたに会えてうれしい。

I came here　to see you.
私はここに来ました　〈何のために〉　あなたに会う

〔自然な訳〕私はあなたに会うためにここに来ました。

ここからは、動名詞と不定詞の名詞的用法について勉強することにします。

**動詞を〔to ＋動詞〕または〔動詞の ing 形〕にすると
名詞のはたらきをする語句、または単語になる法則**

〔動詞〕泳ぐ swim

〔名詞〕泳ぐこと to swim　または　swimming

**swimming のように動詞であったものが
ing をつけることで名詞のはたらきに変化したものを
文法用語で動名詞という法則**

**1つめの動詞が〔to ＋動詞〕を好(この)むか、
〔動詞の ing〕形を好むか、またはどちらでもよいのかは
はじめから決まっている法則**

〔パターン1〕私は泳ぎたい。

I want to swim.

〔パターン2〕泳ぎましょう。

Let's enjoy swimming.

〔パターン3〕私は泳ぐのがとても好きです。

I like to swim very much.

I like swimming very much.

I am fond of swimming.
アーィ アムッ ファンダヴッ スウィミン・

(解説)am fond of が like ～ very much の意味をあらわしています。

ここが知りたい

質問　３つのパターンのうちのどれに当てはまるのかを見分ける方法はあるのですか。

答え  ある程度は、見分けることはできます。次のように覚えてください。

〔パターン１・to 不定詞を好む動詞〕は、
思いが未来に向かっていると考えればよい法則

● 私は泳ぎたい。　I want to swim.

〔パターン２・動詞の ing 形〕のほうが先に起こっていて、
１つめの動詞がどうするのかを決めると考えると
意味がよく通じるときは、
動詞の ing 形を好む動詞と考えればよい法則

● 泳ぐのを楽しみましょう。

Let's enjoy (2)　swimming. (1)

泳いでいる (1)　のを楽しいと思う (2)

● 泳ぐのをやめましょう。

Let's stop (2) swimming. (1)

泳いでいる (1)　のをやめる (2)

● 泳ぐのを終わりにしましょう。

Let's finish swimming.

finish = 2, swimming = 1

泳いでいる = 1, のを終わらせる = 2

ここが知りたい

質問　「私は泳ぎたい。」はこれから先のことなので、I want to swim. と言い、「泳ぐのをやめましょう。」なら、「泳いでいて、それをやめると決めるから」Let's finish swimming.　と言うのですね。

答え　　よく理解していただいています。

質問　I like to swim very much. I like swimming very much. I am fond of swimming. が同じ意味をあらわすそうですが、どのように理解すればよいのですか。

答え　　次のように理解してください。

「泳げるのであれば、今でも私は泳ぎたいぐらい好きだ。」というのが、I like to swim.

時と場合によっては、I want to swim. と同じ意味をあらわすのです。

次に、I like swimming. は、「昔から泳いでいて、今も泳いでいます。好きなので」、という意味で使ってください。

最後の I am fond of swimming. は am fond of がとても好きです、という意味で like ～ very much のような意味をあらわしていると考えてください。

ここで問題になるのは、なぜ ing 形をとっているかということです。次のように覚えてください。

am fond of のように前置詞が最後にきているときは、名詞の前に置くことばの of がきているので、of の次には名詞のはたらきをすることばの動詞の ing 形（文法用語で動名詞）がくる法則

try to「〜しようと努力する」、try 〜 ing「ためしに〜してみる」を区別して覚えるとよい法則

- 泳ごうと努力しなさいよ。　Try to swim.
- ためしに泳いでみなさいよ。　Try swimming.

ここが知りたい

質問　Try to はこれから先のことをいっているので、to がくるのはわかりますが、Try 〜 ing はなぜ ing 形をとるのですか。

答え  するどい質問ですね。次のように考えてください。

Try swimming. は、「泳いでいる」と仮定して、「ためしにやってみる」と考えればよい法則

Stop smoking. は「たばこをすうのをやめる。」Stop to smoke. は、「立ち止まってタバコをすう。」と覚えるとよい法則

stop は動詞の ing 形をとる動詞なのですが、stop to ～というパターンもあります。

この場合の to は、次のように考えることができます。

「～をするために」という意味の to のかわりに and で置きかえることがある法則

- タバコをすうために立ち止まる

stop to smoke
立ち止まる　ために　タバコをすう
stop and smoke
立ち止まる　そして、タバコをすう

stop には「立ち止まる」のほかに、「今していることをやめる」という意味もあるので、時と場合によって意味をかえたほうがよい法則

ここが知りたい

質問　to が and に置きかえられる例はほかにもありますか。

答え  よい質問です。

これだけは覚えましょう

- 私のところに遊びに来てね。〔私に会いに来てね。〕

Come to see me.
Come and see me.

to が and に置きかえる場合、時々 to と and を省略して〔動詞＋動詞〕になることもある法則

私のところに遊びに来てね。〔私に会いに来てね。〕

Come to〔and〕see me.

Come see me.

「～すること」を〔to ＋動詞〕、動詞の ing 形であらわすことができるが、未来のことをあらわしているときは to を、過去から今のことをあらわしているときは、動詞の ing 形を使って区別するほうがよい法則

- 私の夢は音楽の先生になることです。

  My dream is to be [become] a music teacher.
- 私の趣味はコインを集めることです。

  My hobby is collecting coins.

《知って得する英語情報》

- My hobby is collecting coins.

  コインという数えられる名詞なので、s がつくよ。
- My hobby is coin collecting.

  コインの、という形容詞として使ってあるので、s がつかないよ。

ここが知りたい

質問　「私の夢は音楽の先生になることです。」を英語にしたいときに to be と to become のどちらでもよいのですか。

答え よい質問ですね。次のように覚えてください。

to become はなったことに重点を置いており、to be はなってからもずっと、という意味で使い分けるとよい法則

質問 〔to ＋動詞〕と〔動詞の ing 形〕が同じ意味をあらわしているのであれば、My hobby is〔to collect, collecting〕coins. のように、どちらでもよいということはないのですか。

答え もっともな意見です。次のように覚えておきましょう。

中学校などのテストでは、［to ＋動詞］と［動詞の ing 形］どちらで答えても○になる法則

- 私の夢は音楽の先生になることです。

My dream is to be［become］a music teacher.

未来において、音楽の先生になることが夢だと言っているので、到着地点をあらわすことができる to（～へ）を利用していると考えてください。

- 私の趣味はコインを集めることです。

My hobby is collecting coins.

趣味になっているということは、以前からコインを集めたくて、集める努力をしていて、今もこれからも、集めたいわけなので、〔動詞の ing 形〕を使うとぴったりなのです。

hobby（趣味）は、努力をしている場合以外には、使えない法則

- 私の趣味はテレビを見ることです。

〔×〕My hobby is watching TV.

この意味をあらわしたいときに、私はテレビを見るのが好きです。I like watching TV. としてください。

英語では、is の左側よりも右側にたくさんの単語があるほうが、自然な英語であるという法則

- To swim is easy.

この英文は is の左側に単語が２つで、右側に単語が１つあるので、不自然な英語ということになります。このようなときに、To swim を It で置きかえることで次のような英文をつくることができます。

To swim is easy.

↓

It is easy　　　　　　　　　　to swim.

それはかんたんです〈それって何〉　泳ぐこと

It is　easy to swim.

１単語　　３単語

のようになり、自然な英文になるのです。

ここが知りたい

質問　To swim is easy. は使うことはできないのですか。

答え　　よい質問です。

Toからはじまっている文はとてもかたい英語なので、あまり使われません。それに対して、動詞のing形からはじまる英語はよく使われる法則

- To swim is easy. 〔かたい言い方なので、めったに使われない〕
- Swimming is easy. 〔よく使われる〕
- It's easy to swim. 〔とてもよく使われる〕

ここが知りたい

質問　It is easy to swim. ではなくて、It's easy swimming. という言い方もあるのですか。

答え  あります。ただし、この言い方は、中学校の英語では習いません。

「私にとって泳ぐことは」をfor me to swimであらわすことができる法則

- 私にとって泳ぐことはかんたんです。

〔△〕For me to swim is easy.

〔○〕It is easy for me to swim.

（解説）isの左側にたくさんの単語があるFor me to swimは、不自然なのであまり使われません。

how to swim で泳ぎ方、泳ぐ方法という意味をあらわす法則

これだけは覚えましょう

- 泳ぎ方 ―― how to swim
- いつ泳ぐべきかということ ―― when to swim
- どこで泳ぐべきかということ ―― where to swim
- 何をすべきかということ ―― what to do

how〔when, where〕＋ to ＋動詞は、to 不定詞の名詞的用法であると覚えればよい法則

- 私は泳ぎ方を知りません。

I don't know　how to swim.

私は知りません　〈何を〉　泳ぎ方

〈何を〉という疑問が生まれるときは、いつでも名詞的用法です。

練習問題

〔1〕次の（　　　）に適当な英語を入れてください。

（1）私の夢は音楽の先生になることです。

My dream is（　　　）（　　　）a music teacher.

（2）私の趣味(しゅみ)はテニスをすることです。

My hobby is（　　　）tennis.

（3）私は泳ぐのがとても好きです。

(a) I like to（　　　）very much.

(b) I like（　　　）very much.

(c) I am（　　　）（　　　）（　　　）.

解答と解説

（1）to be または to become　（2）playing

（3）(a) swim　(b) swimming　(c) fond of swimming

ここでは、よりよい答えを正しい答えとしています。

fond の前に very を入れる場合もあります。

〔2〕次の（　　　）に適語を入れてください。

（1）私に何か飲むものをください。

Please give me（　　　）（　　　）（　　　）.

（2）私は何か冷たい飲みものをいただきたいのですが。

I'd like（　　　）（　　　）（　　　）（　　　）.

解答と解説

（1）something to drink

（2）something cold to drink

「何か冷たいもの」は something cold と覚えてください。

〔3〕〔　　　　〕に、用法を書いてください。（例）名詞的、形容詞的、副詞的

（１）I like to swim.〔　　　　　　〕用法

（２）I want to swim.〔　　　　　　〕用法

（３）Give me something to drink.〔　　　　　　〕用法

（４）I have a lot of things to do.〔　　　　　　〕用法

（５）I want a house to live in.〔　　　　　　〕用法

（６）I am happy to see you.〔　　　　　　〕用法

（７）I went to Tokyo to see Tokyo Tower.〔　　　　　　〕用法

（８）I know how to swim.〔　　　　　　〕用法

解答と解説

（１）名詞的　（２）名詞的　（３）形容詞的
（４）形容詞的　（５）形容詞的　（６）副詞的
（７）副詞的　（８）名詞的

下線の直前で、〈何を〉という疑問が生まれたら〔名詞的用法〕、〈どんな〉という疑問が生まれたら〔形容詞的用法〕、〈何の理由で〉〈なぜ〉〈何の目的で〉という疑問が生まれたら〔副詞的用法〕になります。

〔4〕次の日本語を英語にしてください。

（1）私は泳ぎ方を知りません。

（2）私にとって泳ぐことはかんたんです。

（3）私は何をすべきかわかりません。

解答と解説

（1）I don't know how to swim.

（2）It's〔It is〕easy for me to swim.

（3）I don't know what to do.

For me to swim is easy. の下線部を It で書きかえたものを答えとしてください。

14 比較について理解しよう

ここからは、比較の勉強をします。

比較とは、同じ種類のものを比較するときに使う表現のパターンです。

形容詞または副詞の後ろに er をつけると「もっと～」、est をつけると「１番～」、〔as 形容詞または副詞 as〕で「－と同じぐらい～」をあらわす法則

I am	tall.	（私は背が高い。）
	taller.	（私のほうが背が高い。）
	the tallest.	（私は１番背が高い。）
	as tall as Tony (is).	（私はトニー君と同じぐらいの背の高さがあります。）

ここが知りたい

質問　「１番背が高い」のところに the がついているのは、なぜですか。

答え  よい質問です。次のように覚えてください。

１人しかいない、１つしかないという意味で the がついていると考えればよい法則

● 私は１番背が高い。

I am the tallest.

１番背が高いということは、１人しかいないということなので、the tallest（１人しかいない１番背が高い人）という意味です。

中学校では習わないが、I am as tall as Tony (is). には２つの意味がある法則

（１）私はトニー君と同じぐらいの背の高さがあります。

（２）私はトニー君のように背が高いのです。

ここが知りたい

質問　なぜ中学校では１つしか習わないのですか。

答え  わかりません。

質問　それではなぜ２つの意味が出てくるのですか。

答え  よい質問です。次のように覚えておきましょう。

tall には（１）ある背の高さがある　（２）背が高い、のように２つの意味がある法則

２つの意味があるということは、日本語訳が２つできるということです。

質問　２つ意味があるということは、どのようにして、２つの意味のちがいを相手に伝えるのですか。

答え  するどい質問ですね。次のように考えてください。

as tall as の as を強めて言うと「～さんと同じぐらいの背の高さです。」となり、tall を強めて言うと「～のように背が高い。」となる法則

as tall as の１つめの as は、副詞、２つめの as は、接続詞なので、as の次に〔主語＋ be 動詞〕がきている法則

- 私はトニー君と同じぐらいの背の高さです。

  I am as tall as Tony (is).
  （as を強く言う）

- 私はトニー君のように背が高い。

  I am as tall as Tony (is).
  （tall を強く言う）

ここが知りたい

質問　接続詞として使われているときは、主語＋ be 動詞が必要なのですね。is を省略することはできないのですか。

答え  省略することもできます。次のように考えてください。

as tall as Tony is の is を省略すると、
as が前置詞あつかいになる法則

質問　むずかしいですね。どういうことですか。

答え  確かに、ちょっと複雑な話になります。

前置詞が名詞の前に置くことばであるということから、
〔as ＋ Tony〕の as が前置詞として使われている
ということがわかる法則

質問　as tall as の１つめの as は、どのような意味で使われていると考えればよいのですか。

答え  とても答えにくい質問です。次のように覚えておいてください。

１つめの as は、もともと so と同じ意味で、
so には very という意味があることから、
very tall（とても背が高い）と考えればよい法則

tall には２つ意味があって、（１）ある背の高さがある（２）背が高い　という意味があるということは、すでに説明しましたね。

つまり、（２）の背が高い　で考えるとよくわかります。

もしも、Tony さんがとても背が高くて有名な人であると考えれば、I am as tall as Tony（is）. で、「私はトニー君のように背が高い。」となるのです。

質問　［as 形容詞 as］で［very 形容詞］をあらわすことができる例がほかにもあるということですか。

答え  あります。でもよくそんなことを思いつきましたね。次のような例がいっぱいあります。

- 私はみつばちのようにいそがしい。〔私はとてもいそがしい。〕

  I'm as busy as a bee.
  アーィマズッ ビズィ アザ　ビー

as busy as a bee で very busy をあらわす法則

～ er ＋ than（～よりも）、the ～ est ＋ in〔of〕（～の中で）をいっしょに使うことが多い法則

- 直美さんは、ジュディーさんよりも背が高い。

  Naomi is taller than Judy（is）.
  ナオミイズ　トーラァ　ざン　ヂューディ イズッ

- 直美さんは私たちみんなの中で１番背が高い。

  Naomi is the tallest of us all.

- 直美さんは私たちのクラスの中で１番背が高い。

  Naomi is the tallest in our class.

in は「ひとつのかたまりの中で」、of は「全体の中で」、をあらわす法則

これだけは覚えましょう

〔in と of の法則の使用例〕

- 東京の中で　in Tokyo
- 世界の中で　in the world〔イン　ざ　ワ～ォドゥッ〕
- ３人の中で　of the three
- ３人の少女たちの中で　of the three girls
  アヴ ざ　すゥリー　ガ～オズッ
- １年のうちで　of the year
  アヴ　ざ　いゃァ

長い単語の場合は、～ er のかわりに more ～、the ～ est のかわりに the most ～ を使う法則

これだけは覚えましょう

〔more、the most を使う単語〕

美しい　beautiful〔ビューティフォー〕

役に立つ　useful〔ユースフォー〕

おもしろい　interesting〔インタゥ レスティン・〕

有名な　famous〔フェーィマスッ〕

人気のある　popular〔パピュラァ〕

むずかしい　difficult〔ディ フィ カオトゥッ〕

- 佐知子さんは安紀子さんよりも美しい。
  Sachiko is more beautiful than Akiko.
- 佐知子さんはこのクラスの中で１番美しい。
  Sachiko is the most beautiful in this class.

ここが知りたい

質問　長い単語というのは、何をもとに決めればよいのですか。

答え  かんたんに言うと、次のようなことになります。

母音（ア、イ、ウ、エ、オ）の音が、
2つ以上ある形容詞は、more と most を使う法則

ここが知りたい

質問　例外はないのですか。

答え  めったにありません。

形容詞の単語で y や le で終わっている単語は、
more, most を使わずに er や est を使う法則

これだけは覚えましょう

〔y や le で終わる単語〕

- しあわせな happy〔ヘアピイ〕
  → happier〔ヘァピィアァ〕 ― happiest〔ヘァピエスットゥッ〕
- かんたんな easy〔イーズィ〕
  → easier〔イーズィアァ〕 ― easiest〔イーズィエスットゥッ〕
- かんたんな simple〔スィンポー〕
  → simpler〔スィンプラァ〕 ― simplest〔スィンプレスットゥッ〕

解説します。

yで終わる単語は、yをiに直してerやestをつける法則

副詞(つけ加えで使うことば)に
erやestをつけることがある法則

I can run | fast.（私は速く走ることができます。）
faster.（私のほうがもっと速く走ることができます。）
(the) fastest.（私は１番速く走ることができます。）

「ゆっくり」slowly〔スローゥ リィ〕のように
lyで終わる副詞は、moreやmostを使う法則

I speak | slowly.（私はゆっくり話します。）
more slowly.（私のほうがもっとゆっくり話します。）
the most slowly.（私は１番ゆっくり話します。）

副詞の「よく」、「じょうずに」well〔ウェオ〕、
very muchはbetter、(the) bestのように変化する法則

I like cats | very much.（私はネコがとても好きです。）
better.（私はネコのほうが好きです。）
(the) best.（私はネコが１番好きです。）

「よい」good〔グッ・〕という形容詞は、better、(the) best と変化する法則

This bike is
- good.（この自転車は上等です。）
- better.（この自転車のほうが上等です。）
- (the) best.（この自転車は1番上等です。）

ここが知りたい

質問　「1番〜」をあらわす〜 est や best の前に the があるときとないときがあるのですか。

答え  これについては、はっきりしたことが言えないのです。ただし、中学校で習う英文法で考えると、次のように覚えればよいでしょう。

「1番〜」をあらわすとき、副詞のはたらきをする語句には、the をつけてもつけなくてもよいが、形容詞の単語には the をつける法則

私は私たちのクラスの中で1番背が高い。
〔形容詞〕I am the tallest in our class.
私は3人の少女の中で1番速く走ることができる。
〔副詞〕　I can run fastest of the three girls.

質問　〜の中でを in と of を使ってあらわしていますが、どのようにして使い分けるのですか。

答え  するどい質問ですね。次のように覚えてください。

1つのかたまりの中でならin、
全体のうちの1部分をあらわしているときはofを使う法則

- 日本で　in Japan〔イン　ヂァペァンヌ〕
- 1年のうちで　of the year〔アヴざ　いャァ〕
- すべての花の中で　of all the flowers〔アヴ　オーオ　ざ　フラーゥァズッ〕

ここが知りたい

質問　副詞と形容詞の区別ができない人でも区別をするかんたんな方法はないのですか。

答え  あります。次のように考えるとすぐにわかります。

～estやmost＋単語、bestなどの部分を手でかくして、
残りの英語で意味が完全にわかるときは副詞なので、
theをつけなくてもよい法則

（1）私はネコが1番好きです。
　　I like cats best.
（2）私は1番ゆっくり歩きます。
　　I walk most slowly.
（3）私は1番速く走ることができます。
　　I can run fastest.

この3つの英文の下線部のところを手でかくしても、残りの英文で完全に意味がわかるので、best, most slowly, fastestは副詞のはたらきをしている単語であることがわかることから、theをつける必要はありません。

～ est, most ＋形容詞、best を手でかくしたら、残りの英文の意味がわからないときは形容詞なので、１番大事だと覚えて the をつけるとよい法則

（１）私は１番背が高い。
　　I am the tallest.
（２）この自転車は１番上等です。
　　This bike is the best.

この２つの英文の下線部を手でかくしたら、意味がさっぱりわからなくなるので、形容詞であることがわかります。

「１番～」のときに使われる the のつけ方は、アメリカ英語とイギリス英語でちがうこともあるので、気にしなくてもよい法則

ここが知りたい

質問　テストのときに the をつけるかつけないかまよったときは、どうすればよいのですか。

答え  これはとても言いにくいことではありますが、次のように覚えておくとよいでしょう。

テストでは「１番」をあらわしているときは、いつも the をつけておいたほうがよい法則

A は B ほど～ではない。は、〔A isn't as〔so〕～ as B.〕または〔A isn't ～ er than B.〕の２種類の言い方がある法則

- 私はトニー君ほど背が高くない。

  I am not as［so］tall as Tony（is）.

  I am not taller than Tony（is）.

ここが知りたい

質問 I am as tall as Tony（is）. に２つの意味があったので、I am not as tall as Tony（is）. も本当は２つあるのですか。

答え  あります。

not as tall as の１つめの as を強く読むと、「～さんと同じぐらいの背の高さではない」、tall を強く読むと「～さんほどは背が高くない」となる法則

- 私はトニー君と同じぐらいの背の高さではない。

  I'm not as tall as Tony（is）.

  強く言う

- 私はトニー君のようには〔ほどは〕背が高くない。

  I'm not as tall as Tony（is）.

  強く言う

中学校英語では、I'm not as tall as Tony (is). と I'm not taller than Tony (is). が同じ意味で「私はトニー君ほど背が高くない。」になると覚えておくとよい法則

ここが知りたい

質問　中学校などでは、どこを強く読むとよいというようなことは習わないのですか。

答え  たぶん教えている先生はほとんどいないと思います。

A is not as ～ as B. ＝ not ～ er than の not のところに倍数 ～ times（～倍）を入れると「A は B の～倍の―がある」をあらわせる法則

（１）日本はカナダほどは大きくない。

① Japan is not as large as Canada.

② Japan is not larger than Canada.

（２）カナダは日本のおよそ27倍の大きさがあります。

① Canada is about twenty-seven times larger than Japan.

② Canada is about twenty-seven times as large as Japan.

not のかわりに倍数を入れると、「A は B の～倍の大きさがあります。」をあらわす法則

Who runs faster, A or B? で「A と B とどちらが速く走りますか。」をあらわせる法則

これだけは覚えましょう

（1）直美さんとジュディーさんではどちらが速く走りますか。
Who runs faster, Naomi or Judy?
直美さんです。　Naomi does.

（2）直美さんとジュディーさんではどちらが速く走れますか。
Who can run faster, Naomi or Judy?
直美さんです。　Naomi can.

（3）直美さんとジュディーさんではどちらが速いですか。
Who is faster, Naomi or Judy?
直美さんです。　Naomi is.

（1）と（2）は、副詞の fast（速く）に er をつけた形で、（3）は形容詞の fast（速い）に er をつけた形です。

（1）（2）（3）で、答え方がちがうので注意してください。

答え方は、Who の次に動詞がきているときは、does，can がきているときは can、is がきているときは is で答えるとよい法則

ここが知りたい

質問　どちらが、となっているので、which（どちら）ということばを使うことはできないのですか。

答え  するどい質問ですね。本当はどちらを使ってもよいのですが、中学校で習う英文法では使い分けています。

次のように覚えてください。

「どちら」となっていても、人の場合は who、物の場合は which を使うと覚えればよい法則

- どちらが背が高いですか、直美さんですか、それともジュディーさんですか。
  Who is taller, Naomi or Judy?
- どちらが古いですか、これとあれと？
  Which is older, this or that?

「あなたは A と B のどちらが好きですか。」は、Which do you like better, A or B? と覚えればよい法則

- あなたはこの自転車とあの自転車のどちらが好きですか。
  Which do you like better, this bike or that one?
- この自転車が好きです。〔この自転車ですね。〕
  〔○〕I like this bike better (than that one).
  〔×〕This bike is better.

「この自転車ですね。」となっていても、かならず「私はこの自転車のほうが好きです。」を英語に直した形を答えてください。

ここが知りたい

質問　なぜ one が使われているのですか。

答え  よい質問です。次のように覚えておいてください。

1つの英文に同じ名詞がくるとき、2つめの名詞のかわりに one を使うのがふつうである法則

質問　one を使わずに同じ名詞で2回使うとまちがいなのですか。

答え  そんなことはありません。

学校英語ではできれば one を使う方がよい法則

質問　比較の話で、ほかに注意すべき点はありませんか。

答え  次のようなときに注意してください。

my ＋名詞のようなときは、your ＋名詞にしないで yours のように言う法則

- 私のかばんはあなたのかばんよりも古い。
  My bag is older than yours.
- 私のかばんとあなたのかばんとどちらが大きいですか。
  Which is bigger, my bag or yours?

**最後の文字の前に母音(ア、イ、ウ、エ、オ)が
１つしかないときは、最後の文字を重ねて
er または est をつける法則**

- 大きい　big − bigger − biggest

**大きいをあらわす big は感情が入った言い方なので
話しことばで使われる。それに対して large は、
だれでも同じように思う
「大きい」または「面積が広い」をあらわす法則**

**主語の次に be 動詞がきているとき、
「私よりも」をあらわすとき、than I am、than me、than I の
どれがきてもまちがいではない法則**

- トニー君は私よりも背が高い。
  Tony is taller than I am〔I, me〕.

ここが知りたい

質問　なぜ３種類の言い方があるのですか。

答え　　むずかしい質問です。次のように考えてください。

**文法的には I am と I が正しく、
me は話しことばで使われている法則**

練習問題

〔1〕次の（　　　）に適語を入れてください。

（1）佐知子さんはこのクラスで１番美しい。
Sachiko is（　　　）（　　　）beautiful（　　　）this class.

（2）この花は世界で１番有名です。
This flower is（　　　）（　　　）famous（　　　）the world.

（3）１月は１年のうちで１番寒い。
January is（　　　）（　　　）（　　　）the year.

（4）安紀子さんは３人の少女の中で１番背が高い。
Akiko is（　　　）（　　　）（　　　）（　　　）（　　　）girls.

（5）この花はあの花よりも美しい。
This flower is（　　　）beautiful（　　　）（　　　）（　　　）.

（6）あなたのかばんは私のかばんよりも小さい。
Your bag is（　　　）（　　　）（　　　）.

（7）日本はカナダほど大きくない。
(a) Japan is（　　　）larger（　　　）Canada.
(b) Japan is（　　　）（　　　）large（　　　）Canada.

（8）カナダは日本の約27倍の大きさがあります。
(a) Canada is about twenty-seven（　　　）（　　　）（　　　）（　　　）Japan.
(b) Canada is about twenty-seven（　　　）（　　　）（　　　）Japan.

解答と解説

（１）the most、in　（２）the most、in
（３）the coldest of　（４）the tallest of the three
（５）more、than that one　（６）smaller than mine
（７）（a）not、than　（b）not as、as
（８）（a）times as large as　（b）times larger than

（７）「面積が広い」という意味の「大きい」は large を使います。

〔２〕次の（　　　）に適語を入れてください。

（１）これとあれとどちらが大きいですか。
（　　　）is bigger, this（　　　）that?

（２）「トニー君とケン君とではどちらが速く走りますか。」
"（　　　）runs faster, Tony（　　　）Ken?"
「トニー君です。」
"Tony（　　　）."

（３）「あなたはこの花とあの花とどちらが好きですか。」
（a）"（　　　）do you like（　　　），this flower or that（　　　）?"
「この花です。」
（b）"（　　　）（　　　）（　　　）（　　　）（　　　）."

（４）私はあなたほど背が高くない。
（a）I'm not（　　　）（　　　）（　　　）you (are).
（b）I'm not（　　　）（　　　）you (are).
（c）You are（　　　）（　　　）I（　　　）.

解答と解説

（1）Which、or　（2）Who、or、does

（3）(a) Which、better、one

　　(b) I like this flower better

（4）(a) as tall as　　(b) taller than

　　(c) taller than、am

背が高くない＝低い、と考えると、short〔ショートゥッ〕という単語を使って、I'm shorter than you (are). と言うこともできます。

〔4〕次の（　　　）に適語を入れてください。

	比較級	最上級
（1）大きい big ――――	(　　　)	the (　　　)
（2）しあわせな happy ――	(　　　)	the (　　　)

解答と解説

（1）bigger、biggest

（2）happier、happiest

big は、母音が１つなので、g を重ねて er または est をつけます。

happy のように y で終わっているときは、y を i に書きかえて、er または est をつけます。

〔5〕次の（　　　）に適語を入れてください。

	単語	比較級〔もっと～〕	最上級〔1番～〕
（1）おもしろい	（　　）	（　　）（　　）	the（　　）（　　）
（2）有名な	（　　）	（　　）（　　）	the（　　）（　　）
（3）役に立つ	（　　）	（　　）（　　）	the（　　）（　　）
（4）人気がある	（　　）	（　　）（　　）	the（　　）（　　）
（5）むずかしい	（　　）	（　　）（　　）	the（　　）（　　）
（6）美しい	（　　）	（　　）（　　）	the（　　）（　　）
（7）ゆっくり	（　　）	（　　）（　　）	the（　　）（　　）

解答と解説

（1）interesting、more interesting、most interesting

（2）famous、more famous、most famous

（3）useful、more useful、most useful

（4）popular、more popular、most popular

（5）difficult、more difficult、most difficult

（6）beautiful、more beautiful、most beautiful

（7）slowly、more slowly、most slowly

（5）の「むずかしい」は hard〔ハードゥッ〕を入れると、harder、the hardest になります。

15 受動態と能動態の使い方を理解しよう

ここからは、受動態(じゅどうたい)〔受け身〕の勉強をしたいと思います。

自分から何かをやるとき、能動(のうどう)的にしていて、やらされているときは、受け身の状態なのです。

動詞の過去分詞形は「〜される」という意味をあらわす形容詞のはたらきをする単語になる法則

形容詞のはたらきをするということは、主語の次にかならず be 動詞を置いていつのことかをあらわさなければならない法則

（１）このイスは私の父によってつくられました。

このイスはつくられました 〈だれによって〉 私の父

This chair was made by my father.

ずィスッ チェアァ ワズ メーィドゥッ バーィ マーィ ファーざァ

（２）このイスは日本でつくられました。

このイスは日本でつくられました 〈どこで〉 日本

This chair was made in Japan.

ずィスッ チェアァ ワズ メーィディン ヂァペァンヌ

（３）英語はここで話されています。

英語は話されて　〈どこで〉　ここで

English is spoken here.

イングリッシッズッ　スポーゥクニアァ

（４）日本語は日本で話されています。

日本語は話されています　〈どこで〉　日本

Japanese is spoken in Japan.

ヂェアパニーズィズッ　スポーゥクニン　ヂァペァンヌ

ここが知りたい

質問　主語＋ be 動詞＋過去分詞形の次に前置詞がきていますが、ここでのときには、前置詞がきていないのはなぜですか。

答え  よい質問ですね。次のように覚えてください。

〈どこで〉と聞かれて、日本と答えているときは、
日本という名詞の前に「で」をあらわす前置詞の
in が入りますが、ここでとなっているときは、
で＋ここのようになっていることから、
前置詞＋名詞の意味をあらわす副詞になっているため、
前置詞が入らない法則

これだけは覚えましょう

〔副詞をあらわす単語〕

- ここで　here〔ヒアァ〕
- そこで　there〔ぜアァ〕
- あそこで　over there〔オーゥヴァ　ぜアァ〕

前置詞＋名詞＝副詞と覚えておくとよい法則

自分と相手がいるとして、自分が相手に何かをしている文を能動態、相手の立場から考えている文を受動態〔受け身〕の法則

- 私はあなたを救助しました。〔能動態〕

I saved you.
アーィ セーィヴヂュー

- あなたは私によって救助されました。〔受動態〕

You were saved by me.

受動態では be 動詞を使って、いつのことかをあらわすので、口慣(くちな)らしをして一気に覚えてしまうとよい法則

〔50回ぐらい口慣(くちな)らしをして一気に覚えよう〕

- 私は救助される。 I am saved.
- 私は救助された。 I was saved.
- 私は救助されるにちがいない。 I must be saved.
- 私は救助されるでしょう。 I will be saved.
- 私は救助される可能性がある。 I can be saved.
- 私は救助されるかもしれない。 I may be saved.
- 私が救助されるはずがない。 I can't be saved.

〔発音〕～にちがいない　must be〔マス・ビー〕　～でしょう　will be〔ウィオビー〕　可能性がある　can be〔ケンビー〕　～かもしれない　may be〔メーィ　ビー〕　～のはずがない　can't be〔キャン・ビー〕

行為を行う人＋行為をする＋行為をされる人。の順番に並んでいる文を能動態と考えて、行為をされる人＋ be 動詞＋過去分詞形＋ by ＋行為をする人。の順番にかえると受動態にすることができる法則

〔能動態〕あのネコはこのネズミをつかまえた。

あのネコはつかまえた 〈何を〉 このネズミ

That cat caught this mouse.

ゼァッ・キャッ・コートゥッ ずィスッ マーゥスッ

〔受動態〕このネズミは つかまえられた 〈何によって〉 あのネコ

This mouse was caught by that cat.

つかまえられるは caught、この単語は形容詞なので、be 動詞がないと、いつのことかをあらわせません。この場合は、過去のことで、主語が１ぴきなので was を使ってあります。

意味を一切考えずに能動態を受動態に書きかえたいときは、動詞の下に（　　　）（　　　）をつけて考えればよい。ただし、動詞の前に can、will などがあるときは、can、will を置いてから、（　　　）（　　　）をつけるとよい法則

練習問題

〈語句のヒント〉

いくつかのクッキー　some cookies〔スム　クッキーズ〕

つくる　make〔メーイクッ〕の過去分詞形は、made〔メーイドゥッ〕

（1）I make some cookies.

( )( )

→ Some cookies (　　　　)(　　　　) by me.

（2）I made some cookies.

( )( )

→ Some cookies (　　　　)(　　　　) by me.

（3）I will make some cookies.

( )( )

→ Some cookies will (　　　　)(　　　　) by me.

（4）I can make some cookies.

( )( )

→ Some cookies can (　　　　)(　　　　) by me.

解答と解説

（1）are made　（2）were made

（3）be made　（4）be made

1つめの(　　　　)に be 動詞を入れる、
現在ならば、is、am、are、過去ならば、
was、were、will や can の次には be を入れるとよい法則

疑問文や否定文の能動態を受動態にするときは、肯定文(基本になる文)にもどして、それを受動態にしてから、最後に疑問文や否定文にするとよい法則

〔疑問文の能動態の場合〕

〔疑問文〕Do you make cookies?〔能動態〕

〔肯定文〕You make cookies.〔能動態〕

（　）（　）

〔肯定文〕Cookies（are）（made）by you.〔受動態〕

〔疑問文〕Are cookies made by you?〔受動態〕

〔否定文の能動態の場合〕

〔否定文〕You don't make cookies.〔能動態〕

〔肯定文〕You make cookies.〔能動態〕

（　）（　）

〔肯定文〕Cookies（are）（made）by you.〔受動態〕

〔否定文〕Cookies aren't made by you.〔受動態〕

〔過去の疑問文の能動態の場合〕

〔疑問文〕Did you make cookies?〔能動態〕

〔肯定文〕You made cookies.〔能動態〕

（　）（　）

〔肯定文〕Cookies（were）（made）by you.〔受動態〕

〔疑問文〕Were cookies made by you?〔受動態〕

過去の否定文の能動態も同じようにして受動態にすることができます。

疑問詞＋疑問文？の能動態を受動態にしたいときは、疑問詞をそのまま置いておいて、疑問文のところを受動態にすればよい法則

- なぜ、あなたはクッキーをつくったの？

Why did you make cookies?

You made cookies.〔肯定文〕

(　)(　)

Cookies (were) (made) by you.〔肯定文〕

Were cookies made by you?〔疑問文〕

Why were cookies made by you?〔疑問詞＋疑問文〕

なぜ、クッキーはあなたによってつくられたの？

- みんなはこの花を何と呼びますか。

What do you call this flower?

You call this flower.〔肯定文〕

(　)(　)

This flower (is) (called) by you.〔肯定文〕

Is this flower called by you?〔疑問文〕

What is this flower called by you?〔疑問詞＋疑問文〕

何とこの花はみんなに呼ばれていますか。

能動態の肯定文を受動態の肯定文にして、それを疑問文にして、最後に疑問詞＋疑問文？にすればできあがりです。

by you は省略するのがふつうです。

ここが知りたい

質問　What do you call this flower? の you を「みんなは」と訳してありますが、どうしてですか。

答え  すばらしい質問ですね。

英語では、you を「人はだれでも」という意味で使う一般論の you があります。この意味で使われているときの by you は省略するのがふつうである法則

受動態は by you, by them, by us が省略されていることがあるのは、わざわざ〜によってと言わなくても意味が通じるからである法則

- 彼らはカナダでは英語とフランス語を話しています。

① They speak English and French in Canada.
ゼーィ　スピーキングリッシッ　アン・フゥレンチイン　キャナダ

② English and French are spoken in Canada.

この場合は、by them と言わなくても意味がわかるので、省略されています。

- 私たちはこの花を日本語で百合（ゆり）と呼んでいます。

We call this flower 'Yuri' in Japanese.

- この花は日本語で百合と呼ばれています。

This flower is called 'Yuri' in Japanese.

この場合は、by us を言わなくても意味がわかるので、省略されています。

受動態で by ～とわざわざ入れているのは行為を行った人間がだれかをはっきり言いたいときだけです。だから、by him のような by ＋代名詞を使った英語は不自然である法則

〔○〕I was saved by Tony.（私はトニーさんに救助されました。）

〔△〕I was saved by him.

これだけは覚えましょう

[原形]	**[過去分詞形]**
～を歌う　sing〔スィン・〕	歌われる　sung〔サン・〕
～を話す　speak〔スピークッ〕	話される　spoken〔スポーゥ クンヌ〕
～を書く　write〔ウラーィ トゥッ〕	書かれる　written〔ウリトゥ ンヌ〕
～を使う　use〔ユーズッ〕	使われる　used〔ユーズドゥッ〕
～を開く　hold〔ホーゥ オドゥッ〕	開かれる　held〔ヘオドゥッ〕
～を救助する　save〔セーィ ヴッ〕	救助される　saved〔セーィ ヴドゥッ〕
～をプレーする　play〔プレーィ〕	プレーされる　played〔プレーィ ドゥッ〕
～をつくる　make〔メーィ クッ〕	つくられる　made〔メーィ ドゥッ〕
～を知っている　know〔ノーゥ〕	知られている　known〔ノーゥンヌ〕
～を言う　say〔セーィ〕	言われる　said〔セッドゥッ〕
～をおおう　cover〔カヴァ〕	おおわれている　covered〔カヴァドゥッ〕
～を売る　sell〔セオ〕	売られている　sold〔ソーゥ オドゥッ〕

次の表現は熟語として覚えてください。

- この歌はみんなに知られています。

This song is known to everyone.
ノーゥントゥ

- あの丘は雪でおおわれています。

That hill is covered with snow.
カヴァドゥッ　ウィずッ

- 私は英語に興味があります。

I'm interested in English.
インタゥレスティディン

- 私はそのニュースでおどろきました。

I was surprised at the news.
サァプゥラーィズダッ

練習問題

〔1〕次の（　　　）に適語を入れてください。

（1）英語はカナダで話されています。

English（　　　）（　　　）（　　　）Canada.

（2）フランス語はカナダで話されていますか。

（　　　）French（　　　）（　　　）Canada?

（3）どこで英語は話されていますか。

（　　　）（　　　）（　　　）（　　　）？

（4）この腕時計は日本製です。［この腕時計は日本でつくられた。］

This watch（　　　）（　　　）（　　　）Japan.

（5）この腕時計はトニーさんによってつくられました。

This watch（　　　）（　　　）（　　　）Tony.

（6）この本は私の父によって書かれました。

This book（　　　）（　　　）（　　　）my father.

（7）この歌はカーペンターズによって歌われました。

This song（　　　）（　　　）（　　　）the Carpenters.

（8）サッカーは多くの国でプレーされています。

Soccer（　　　）（　　　）（　　　）many countries.

（9）私たちのパーティーはきのう開かれました。

Our party（　　　）（　　　）yesterday.

（10）この本は小山書店で売られています。

This book is（　　　）（　　　）Koyama Bookstore.

解答と解説

（１）is spoken in　（２）Is、spoken in

（３）Where is English spoken?　（４）was made in

（５）was made by　（６）was written by

（７）was sung by　（８）is played in　（９）was held

（10）sold at

「～によって」は by、「どこどこで」の「で」は、広い場所なら in、せまい場所または１地点ならば at です。

〔２〕次の（　　　）に適語を入れてください。

（１）この歌は、みんなに知られています。

This song is（　　　）（　　　）everyone.

（２）あの丘は、雪でおおわれています。

That hill is（　　　）（　　　）snow.

（３）私は、そのニュースでおどろきました。

I was（　　　）（　　　）the news.

（４）私は、テニスに興味があります。

I'm（　　　）（　　　）tennis.

解答と解説

（１）known to　（２）covered with　（３）surprised at

（４）interested in

covered（おおわれた）は過去分詞形ですが、そのほかの known（知られている）、interested（興味がある）、surprised（おどろいた）は完全な形容詞として辞典にのっています。

ここが知りたい

質問　形容詞として辞典にのっている単語は、by 以外の前置詞がくるのですか。

答え  その通りです。もし過去分詞形として使うと、次のような意味にかわります。

I'm interested by ～にすると
「私は～によって興味をそそられています。」、
I was surprised by ～にすると
「私は～によっておどろかされた。」になる法則

〔3〕次の能動態を受動態にしてください。

（1）I wrote this book.

（2）I can make some cookies.

（3）I made some cookies.

（4）Did you make cookies?

（5）When did you make this chair?

（6）What do you call this flower?

解答と解説

（１）This book was written by me.

（２）Some cookies can be made by me.

（３）Some cookies were made by me.

（４）Were cookies made by you?

（５）When was this chair made by you?

（６）What is this flower called (by you)?

　you があなたによっての意味で使われているときは、by you が必要ですが、みんなによっての意味の by you は省略するのがふつうです。

16 | 動詞の使い方をしっかり覚えよう

ここからは動詞の使い方について勉強します。

> 日本語で、〈だれに〉、〈何を〉のような
> 疑問が生まれる動詞があるとき、
> 人＋物の順番に置くだけで完全な英文になる法則

● 私はあなたにこの本をあげるよ。

I'll give you this book.
　　　　　　　人　　物

私はあげるよ 〈だれに〉 あなたに 〈何を〉 この本を
　　　　　　　　　　　　　人　　　　　　　　物

I'll は I will のことで、話をしている途中(とちゅう)に、～するよのような意味で使うことができます。

> show(～を見せる)、teach (～を教える)、
> give(～をあげる)などのような動詞は、
> 人＋物を物＋ to ＋人にしてもほとんど同じ意味を
> あらわすことができる法則

（1）私はあなたにこの本をあげるよ。

① I'll give you this book.
人　物

② I'll give this book to you.
物　人

（2）足立先生は私に英語を教えてくださった。

① Mr. Adachi taught me English.
人　物

② Mr. Adachi taught English to me.
物　人

buy（～を買う）、find（～を見つける）、cook（～を料理する）、make（～をつくる）などのような動詞は、人＋物を物＋ for ＋人にしてもほとんど同じ意味をあらわすことができる法則

- 私は仕事をあなたに見つけてあげるよ。

I'll find you a job.
人　物

I'll find a job for you.
物　人

ここが知りたい

質問　人＋物を物＋〔to, for〕＋人に書きかえるとき、to と for を使い分けているのはなぜですか。

答え  よい質問ですね。次のように覚えてください。

直接のときは、to、間接のときは、forを使う法則

（1）I'll give you this book.

（2）I'll give this book to you.

「あげる」というのは、すでにこの本をもっているので、直接、あなたに渡(わた)すことができる。

（1）I'll find you a job.

（2）I'll find a job for you.

「見つける」というのは、どこかで仕事を見つけてきて、それをあなたに仕事があったよ。と知らせてあげることなので、間接的であることがわかります。

ここが知りたい

質問　toとforのどちらを使えばよいのかを知るよい方法はないのですか。

答え  ありますよ。次のように覚えて使い分けてください。

forを～のかわりにと考えて、動詞＋人＋物で英語に直し、それを動詞＋物＋for＋人で書きかえてから、もとの意味と同じならばfor、ちがうならばtoが正解である法則

- 私はあなたにこの本をあげるよ。

① I'll give you this book.
　　　　　人　物

②〔×〕I'll give this book for you.
　　　　　　　物　　　人

②の英語を日本語にすると、「私はあなたのかわりにこの本をあげるよ。」となり、もとの日本語の「私はあなたにこの本をあげるよ。」と意味がくいちがうことから for ではなく to を使わなければならないということがわかります。

③〔○〕I'll give this book to you.

ここが知りたい

質問　人＋物を物＋ to　または　for ＋人の書きかえができることはわかりましたが、ほとんど同じ意味だと聞きましたが、少しちがうこともあるのですか。

答え  私の話をよく聞いていただいているのですね。感心しました。

I gave Tony my watch. という英文と
I gave my watch to Tony. という英文があるとき、
〔人＋物〕がくっついているときは「私がトニー君に直接渡した。」
ということだが、〔物＋ to ＋人〕のようになっているときは、
だれかに渡してもらった可能性がある法則

My teacher taught me English. という英文と
My teacher taught English to me. という英文があるとき、
〔人＋物〕がくっついているときは、
私の先生に英語を教えてもらって英語を身につけた。
という意味があり、〔物＋ to ＋人〕の場合は、
教えてもらったという意味しかない法則

ここが知りたい

質問　つまり、人＋物がくっついているときのほうが意味がはっきりしているということですね。

答え  その通りです。物と人の間があいているということは、物と人との結びつきが弱いということです。

次はほかの動詞の使い方で注意してもらいたいものを勉強します。

「〜のように見える」をあらわしたいときは、〔look ＋形容詞〕または〔look like ＋名詞〕であらわすことができる法則

- あなたはうれしそうですね。
  You look happy.
- あなたはあなたのお母さんに似ていますね。
  You look like your mother.
- 雨が降りそうですね。
  It looks like rain.

〔like ＋名詞〕になっているときは、like を前置詞と考えて使ってあるので、名詞の前に置いてある法則

「〜になる」は〔become ＋形容詞〕または〔become ＋名詞〕であらわすことができる法則

- 直美さんは有名になった。

Naomi became famous.
ナオミ　ビケーィムッ　フェーィマスッ

- 直美さんは有名なテニスの選手になった。

Naomi became a famous tennis player.

ここが知りたい

質問　like には「～が好きだ」という動詞の意味と、「～のように」という前置詞の意味があるのですか。

答え　　その通りです。

like に ly をつけると、形容詞になり、be likely ＋ to ～で「～しそうです」をあらわすことができる法則

- 雨が降りそうです。　It is likely to rain.

もう少し動詞の使い方について勉強します。

come〔カムッ〕来る　　go〔ゴーゥ〕行く

のように覚えている人が多いのですが、次のように覚えてください。

話し相手または聞き手に近づいて行くときは、come、話し相手　または　聞き手から遠ざかっていくときは go と覚えるとよい法則

- 「来ますか。」　“Are you coming?”
- 「行きますよ。」　“I’m coming.”

- 「夕食の準備ができましたよ。」「行くよ。」

  “Dinner is ready.” “I'm coming.”

  ディナァ イズッゥレディ アーィムッ カミン・

comeは、「私といっしょに」、「私のところへ」、「私がいると想像しているところへ」、goは、「私のいるところからはなれて」、「私がいると想像しているところからはなれて」と覚えるとよい法則

- 私は行こうと思っているのですが、あなたはそのパーティーに今夜行きますか。

  Are you coming to the party tonight?

  アー ユー カミン・ チュ ざ パーティー チュナーィ・

- 私のところであるそのパーティーに今夜来ますか。

  “Are you coming to the party tonight?”

ここが知りたい

質問 学校ではこんなにくわしく習うことがないですよ。

ところで、Are you going to the party tonight? と言うとどのような意味になるのですか。

自分が行く気があるときは、Are you coming to the party? 自分が何かの都合(つごう)で行けないか、または行く意志がないときは、Are you going to the party? となる法則

質問　“Dinner is ready.” に対して、I’m going. と言ってしまったら、「夕食を食べない」と言っているということですか。

答え  夕食の支度（したく）ができているところから、はなれたところへ行くということなので、「私は出かけるので。」という意味になります。

ほかにおもしろい例があります。

もしテニスをして遊んでいて、相手に「打ったよ。」
と言いたいときは、“It’s coming.”
相手のいるところではないところへ打ってしまったら、
“It’s going.”、とれないところへ飛んでいったときは
“It’s gone.” になる法則

「野球でピッチャーが投げました。」ならば “It’s coming.”、
「のびています。」なら “It’s going.”、
「はいりました、ホームラン。」なら
“It’s gone.” であらわせる法則

come と go を一度に理解する方法を考えてみたいと思います。

たとえば、私は大阪にいるあなたと電話をしているとします。

そして、私はあなたに次のように言ったとします。

「私は今週東京へ行きます。そして、それから私は来週大阪へ行きます。」

この場合、話し相手であるあなたがいる大阪に来週行くと言っていることがわかります。このことから、話し相手に近づいて行くときに come を使えばよいことがわかります。

「私は今週東京へ行きます。」

この場合、あなたがいる大阪とまったくちがう方向へ行くということは、あなたから遠ざかった場所へ行くことなので、go を使えばよいことがわかります。

このように考えて、次の日本文を英文に直すと、

- 「私は今週東京へ行きます。そして、それから私は来週大阪へ行きます。」

  I'll go to Tokyo this week, and then I'll come to Osaka next week.

となるのです。

これだけは覚えましょう

〔道案内で使われる go と come〕

- 陸橋(りっきょう)のところまで、まっすぐに行ってください。

  Go straight on until you come to the overpass.

  ゴーゥ スチュレーィトンヌ アンティオ ユー カムッ チュ ずイ オーゥヴァペァスッ

Go straight on は、まっすぐに行ってください。という決まり文句です。Go straight でまっすぐに進む。最後に on をつけてどんどん進むをあらわしています。

until you come to the overpass は、〔until ＋主語＋動詞〕で使う接続詞です。

until　you　come　to　the overpass
まで　あなたが　行く　へ　陸橋

ここで出てきている「行く」という意味で使われている come は、あなたが陸橋のところにいるということを想像しているので、come を使っています。

come と bring，go と take が同じ考え方で使う法則

相手と自分の間を「持って行く」、「持って来る」が bring、相手と自分以外のところへ「持って行く」ときは take を使う法則

〔bring と come の例〕

A：「私の机の上にあるそれらの本をここに持って来てよ。」
“Bring those books on my desk here.”

B：「はい、今行くからね、お母さん。」
“Yes, I’m coming, Mother.”

〔take と go の例〕

A：「あなたのイヌをあっちへ連れて行ってよ。」
“Take your dog away.”

B：「はい、今行くからね、お母さん。」
“Yes. We’re going, Mother.”

- 私にコーヒーを１ぱい持って来てください。
  Please bring a cup of coffee to me.
- トニーにコーヒーを１ぱいを持って行ってあげてください。
  Please take a cup of coffee to Tony.

gone〔ゴーンヌ〕は、「なくなって」という意味の形容詞だの法則

- 私のすべてのマスクはなくなった。
  All my masks are gone.

go の過去分詞形は gone で、have ＋ gone の形で使って、「行って、ここには、いない」という意味で使われる法則

〔書き置きで〕

- 私は東京へ行ってここにはいません。
  I have gone to Tokyo.

ここが知りたい

質問　have ＋ gone のようなパターンは、中学２年生では習わないのですか。

答え  そうですね。中学３年生で習うと思います。

かんたんに説明をしておきます。

gone（行ってしまった）という状態を今も have（もっていると）いうことで、「私は東京へ行ってしまって、今はいません。」という意味をあらわしているのです。この表現のパターンは、現在完了形といって、過去と現在のことを同時にあらわすことができるパターンなのです。

この現在完了形は、中学３年生になると習います。

練習問題

〔1〕次の（　　　）に適語を入れてください。

（1）あなたは有名になった。

You（　　　）famous.

（2）あなたは有名な歌手になった。

You（　　　）a famous（　　　）.

（3）あなたはうれしそうですね。

You（　　　）happy.

（4）あなたはあなたのお父さんに似ていますね。

You（　　　）（　　　）your（　　　）.

（5）雨が降りそうですよ。

(a) It（　　　）（　　　）rain.

(b) It（　　　）（　　　）（　　　）rain.

解答と解説

（1）became　（2）became、singer　（3）look

（4）look like, father

（5）(a) looks like　(b) is likely to

～のように見えるは、look ＋形容詞　または　look like ＋名詞のパターンのどちらかをとります。英語では、You are happy.（あなたはうれしい。）という言い方をさけて、You look happy.（あなたはうれしそうですね。）と言います。

〔2〕次の英文をほとんど同じ意味の英語に書きかえるとき、for または to を使って書きかえることができます。(　　　　) に for または to を入れてください。

（1）私はあなたにこの本をあげるよ。

I'll give you this book.

I'll give this book (　　　　) you.

（2）トニーさんは私に英語を教えてくださった。

Tony taught me English.

Tony taught English (　　　　) me.

（3）私にあなたのアルバムを見せてよ。

Show me your album.

Show your album (　　　　) me.

（4）私はあなたにこの本を買ってあげますよ。

I'll buy you this book.

I'll buy this book (　　　　) you.

（5）私は薫さんにこのイスをつくってあげた。

I made Kaoru this chair.

I made this chair (　　　　) Kaoru.

（6）私は家を君に建ててあげるよ。

I'll build you a house.

I'll build a house (　　　　) you.

解答と解説

（1）to （2）to （3）to （4）for （5）for （6）for

「～のかわりに一する」をあらわすときに使える動詞は for が入ります。

〔語句〕～を建てる build〔ビオドゥッ〕

〔３〕go と come を適当な形に変化させて（　　　　）に適語を入れてください。

（１）「夕食ができたよ。」

“Dinner is ready.”

「行きますよ。」

“I’m（　　　　）.”

（２）「私は行こうと思っているのだけど、あなたはそのパーティーに行きますか。」

“Are you（　　　　）to the party?”

（３）「私は都合（つごう）がわるくて行けないのですが、あなたはそのパーティーに行きますか。」

“Are you（　　　　）to the party?”

（４）〈相手が大阪にいて、電話で話しています〉

私は東京へ今日の午後行って、そして、それから明日大阪へ行きます。

I’ll（　　　　）to Tokyo this afternoon, and then I’ll（　　　　）to Osaka tomorrow.

解答と解説

（１）coming　（２）coming

（３）going　（４）go, come

（１）相手のいるところに近づくときは、come　（２）行く気があるときは、come　（３）行く気がないときは、go　（４）相手のいるところへ行くとさは、come　そうではないときは、go。

〔4〕次の（　　　）に take　または bring を入れてください。

（1）コーヒーを1ぱい私に持って来てください。
Please（　　　　）a cup of coffee to me.

（2）コーヒーを1ぱい直美さんのところへ持って行ってください。
Please（　　　　）a cup of coffee to Naomi.

解答と解説

（1）bring

（2）take

私のところへ持ってくると bring、私と相手以外のところへ持って行くときは take。

〔5〕次の（　　　）に come　または　go を入れてください。

（　1　）straight on until you（　2　）to the overpass.

解答と解説

（1）Go

（2）come

相手のほうへ近づいて行くとき、come を使うので、相手が目標物にいると想像して、そこへ近づいて行くときは、come を使います。

17 気持ちを伝える動詞の使い方を覚えよう

ここからは、中学３年で習う動詞の使い方について勉強したいと思います。

まずは、不定詞をともなったパターンです。

I want to 〜. は「私は〜したい。」、I want you to 〜. は、「私はあなたに〜してもらいたい。」になる法則

- 私はあなたとテニスをしたい。

  I want to play tennis with you.

  アーィ ワン・チュ プレーイ テニスッ　ウィじュー

- 私はあなたに私とテニスをしてもらいたい。

  I want you to play tennis with me.

  アーィ ワンチュ　チュ プレーィ　テニスッ　ウィずッミー

I want to 〜. のていねいな言い方は、I'd like to 〜. になる法則

- 私はあなたとテニスをしたい。

  I want to play tennis with you.

- （できれば）私はあなたとテニスをさせていただきたいのですが。

  I'd like to play tennis with you.

  アーィドゥ ラーィクッ チュ

I want you to ～. のていねいな言い方は、I'd like you to ～. になる法則

- 私はあなたに私とテニスをしてもらいたい。

I want you to play tennis with me.

- （できれば）私はあなたに私とテニスをしていただきたいのですが。

I'd like you to play tennis with me.

I want to ～. の否定文は、I don't want to ～. になる法則

- 私は泳ぎたい。

I want to swim.

- 私は泳ぎたくない。

I don't want to swim.
アーィ ドーゥン・ワン・チュ スウィムッ

I wanted to ～. の否定文は、I didn't want to ～. になる法則

- 私はきのう東京へ行きたかった。

I wanted to go to Tokyo yesterday.

- 私はきのう東京へ行きたくなかった。

I didn't want to go to Tokyo yesterday.

〔語句〕
I wanted to 〔アーィ　ワンティッ・チュ〕 私は～したかった
I didn't want to 〔アーィ　ディドゥン・ワン・チュ〕 私は～したくなかった

I'll tell Tony to ～．は、
「私はトニー君に～するように言うよ。」
I'll ask Tony to ～．は、
「私はトニー君に～してくれるように頼（たの）むよ。」となる法則

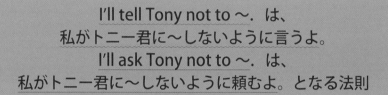

- 私はトニー君に勉強するように言うよ。

I'll tell Tony to study.
アーィオ テオ トーゥニィ チュ スタディ

- 私はトニー君に私を手伝ってくれるように頼（たの）むよ。

I'll ask Tony to help me.
アーィオ エァスックッ トーゥニィ チュ ヘオプ ミー

I'll tell Tony not to ～．は、
私がトニー君に～しないように言うよ。
I'll ask Tony not to ～．は、
私がトニー君に～しないように頼むよ。となる法則

- それでは、私がトニー君にここで勉強しないように言うよ。

Then I'll tell Tony not to study here.
ゼナーィオ　テオ トーゥニィ ナッ・チュ スタディ　ヒアァ

- それでは、私がトニー君にここで歌わないように頼（たの）むよ。

Then I'll ask Tony not to sing here.
ゼナーィオ エアッスックッ トーゥニィ ナッ・チュ スィン・ヒアァ

解説します。次のように覚えてください。

to ＋動詞を否定したいときに not to ＋動詞にすることで
～しないようにをあらわすことができる法則

ここが知りたい

質問　I want toは、I don't want toとなるのに、I'll tell Tony to study here.のときは、I'll tell Tony not to study here.のようになっているのはなぜですか。

答え　　I wantは、私は～がほしいという意味なので「私は～がほしくない。」と言いたいときにI don't wantのようになっているだけです。

それに対して、not to study hereは、「ここで勉強すること」を否定したいので、not to study hereで「ここで勉強しないように」となっているのです。

I want（私はほしい）、I wanted（私はほしかった）を否定したいときは、I don't want（私はほしくない）、I didn't want（私はほしくなかった）という法則

make A Bで、AをBにするをあらわすことができる法則

解説します。次のように覚えてください。

Aのところに人がくることが多くて、Bには、名詞、形容詞、過去分詞形がくる法則

- 私はあなたをしあわせにしますよ。

I'll make you happy.

- そのニュースが私を喜ばせた。

The news made me happy.
ざ　ニューズ　メーィ・ミー　ヘァピィ

- 私たちは直美さんをキャプテンにしました。

We made Naomi captain.

We made Naomi the captain.

ここが知りたい

質問　make A B はどのように理解すればよいのですか。

答え　 もっともな質問ですね。次のように理解してください。

I'll make you happy. を例にとると、
you are happy（あなたはしあわせな状態にある）
そのような状態に I'll make（私はしますよ）
と考えるとよい法則

１つの英文の中に動詞が２つあるのはよくないので、
２つめのあってもなくても
意味がかわらない are を消してある法則

質問　captain の前に the をつけてもよいということですか。

答え　 次のように覚えてください。

**学校のテストでは、the をつけないでください。
ただし、１人しかいないの意味をもつ、
the をつけてもまちがいではない法則**

ここが知りたい

質問　make の前の主語は、人でも、物でもよいということですか。

答え  その通りです。

質問　captain の前に a も the のような単語は必要ないのですか。

ふつうは、数えられる名詞の前には、１つ　または　１人のことをあらわしているときは、a をつけると習いましたが。

答え  するどい質問ですね。

次のように覚えてください。

**１人しかいないことがわかるときは、
the ＋名詞　または the や a をつけずに
名詞だけでよいという考え方がある法則**

練習問題

〔1〕次の（　　　）に適語を入れてください。

（1）私は英語を学びたい。

I（　　　）（　　　）learn English.

（2）私はあなたに英語を学んでもらいたい。

I（　　　）（　　　）（　　　）learn English.

（3）私はあなたとテニスをさせていただきたい。

I'd（　　　）（　　　）play tennis with you.

（4）私はあなたに私とテニスをしていただきたい。

I'd（　　　）（　　　）（　　　）play tennis with me.

（5）それでは、私は私の息子（むすこ）にはたらくように言うよ。

Then I'll（　　　）my son（　　　）work.

（6）それでは、私は私の息子に私を手伝ってくれるように頼むよ。

Then I'll（　　　）my son（　　　）help me.

（7）それでは、私は私の息子にここで泳がないように言いますよ。

Then I'll（　　　）my son（　　　）（　　　）swim here.

（8）それでは、私は私の息子に東京へ行かないように頼むよ。

Then I'll（　　　）my son（　　　）（　　　）go to Tokyo.

（9）そのニュースは私を喜ばせた。

The news（　　　）（　　　）（　　　）.

（10）それでは、私は君をしあわせにしてあげるよ。

Then I'll（　　　）（　　　）（　　　）.

（11）私たちはトニー君をキャプテンにしました。

We（　　　）Tony captain.

解答と解説

（1）want to

（2）want you to

（3）like to

（4）like you to

（5）tell、to

（6）ask、to

（7）tell、not to

（8）ask、not to

（9）made me happy

（10）make you happy

（11）made

～しないようにとなっていたら、not to ＋動詞にします。

18 接続詞の that の使い方をマスターする方法

ここからは、that ＋主語＋動詞が使われる英文について考えてみます。

文法的に完全な英文の前に that を置くと、文を名詞のはたらきをするかたまりにかえることができる法則

- トニーさんは先生です。　Tony is a teacher.
- トニーさんが先生であるということ　that Tony is a teacher
- 私はトニーさんが先生であるということを知っています。
  I know that Tony is a teacher.
- トニーさんが先生であるということは本当です。
  That Tony is a teacher is true.

このように、文章の１部分に that Tony is a teacher を入れて新しい英文をつくることができます。

ここが大切＆これだけは覚えましょう

is の左側に多くの単語がきているときは、that 以下のかたまりの部分を、It で置きかえていうことがふつうである法則

- トニーさんが先生であるということは本当ですよ。

That Tony is a teacher is true. 〔文法的に正しいが不自然〕

||

It is true that Tony is a teacher.

〔It seems that ＋完全な文.〕で
「だれだれが～のように見えます。」をあらわす法則

- 酒井さんは親切なように見えます。

It seems that Ms. Sakai is kind.

〔It is said that ＋完全な英文.〕で「～だそうですよ。」
をあらわす法則

- 酒井さんは先生をしているそうですよ。

It is said that Ms. Sakai is a teacher.

〔主語＋動詞＋ that ＋完全な英文〕のパターンをとる動詞には、know〔ノーゥ〕(～を知っている)、think〔スィ ンクッ〕(～だと思っている、～だと考えている)、believe〔ビリーヴッ〕(～だと信じている)、understand〔アンダァ ステァ ンドゥッ〕(～だと理解している、～だそうです)、hear〔ヒアァ〕(～だそうです)、remember〔ゥリメンバァ〕(～ということを覚えている)
などがある法則

- 私はあなたは成功すると思いますよ。
  I think (that) you will succeed.
- 私はあなたはそのテストに受かると信じていますよ。
  I believe (that) you will pass the test.

主語の次に動詞のかわりに
be 動詞＋形容詞がくることがある法則

〔主語＋ be 動詞＋形容詞＋ that ＋完全な英文〕
の中で使える形容詞には、
sure〔シュ アァ〕(〜を確信して、きっと〜すると思って)、
happy〔ヘァ ピィ〕(〜をうれしく思って)、
sad〔セアッドゥッ〕(〜を悲しく思って)、
sorry〔ソーゥリィ〕(〜を残念に思って)などがある法則

- 私はきっとあなたはそのテストに受かると思っていますよ。
  I'm sure (that) you will pass the test.
- 残念ながら、直美さんはここにはいません。
  I'm sorry (that) Naomi isn't here.
- 私はあなたがここに来ていてくれていることをうれしく思っています。
  I'm happy (that) you are here.

練習問題

〔1〕次の日本語に当たる英語を（　　　）に書いてください。

（1）～だということを知っています　（　　　）that

（2）～だということを信じています　（　　　）that

（3）～だと理解しています、～だそうです　（　　　）that

（4）～だそうです　（　　　）that

（5）～ということを覚えています　（　　　）that

（6）～だと思っている、～だと考えています　（　　　）that

（7）私は～だということを残念に思っている

I（　　　）（　　　）that

（8）私は～だということをうれしく思っています

I（　　　）（　　　）that

（9）私はだれだれがきっと～すると思ってます

I（　　　）（　　　）that

（10）私はだれだれが～するのを悲しく思っています

I（　　　）（　　　）that

解答と解説

（1）know　（2）believe　（3）understand

（4）hear　（5）remember　（6）think

（7）am sorry　（8）am happy　（9）am sure

（10）am sad

I am sure that ～は、「私はきっとだれだれが～すると思っています。」または、「私はだれだれが～すると確信しています。」をあらわします。

〔２〕次の（　　　　）に適語を入れて、日本語と同じ意味になるようにしてください。

（１）直美さんはあの家に住んでいるというのは本当です。

（　　　　）is（　　　　）（　　　　）Naomi lives in that house.

（２）直美さんはあの家に住んでいるそうですよ。

(a) I（　　　　）（　　　　）Naomi lives in that house.

(b) I（　　　　）（　　　　）Naomi lives in that house.

(c) It（　　　　）（　　　　）（　　　　）Naomi lives in that house.

（３）私は直美さんがあの家に住んでいるということを知っています。

I（　　　　）（　　　　）Naomi lives in that house.

（４）酒井さんは親切なようですよ。

It（　　　　）（　　　　）Ms. Sakai is kind.

（５）私は酒井さんがそのテストにきっと受かると思いますよ。

I（　　　　）（　　　　）（　　　　）Ms. Sakai will pass the test.

（６）私は酒井さんがそのテストに受かったのでうれしく思います。

I（　　　　）（　　　　）（　　　　）Ms. Sakai passed the test.

（７）残念ながら、酒井さんはあの家に住んでいませんよ。

I（　　　　）（　　　　）（　　　　）Ms. Sakai doesn't live in that house.

解答と解説

（1）It、true that

（2）(a) understand that　(b) hear that　(c) is said that

（3）know that

（4）seems that

（5）am sure that

（6）am happy that

（7）am sorry that

（2）の(a)と(b)は、hear と understand のどちらの（　　　　）に入れても○です。

19 現在完了形を理解して使いこなせるようにしよう

ここからは、現在完了形の勉強をしたいと思います。

日本語には、現在完了形の考え方はほとんどありませんが、「何か実現させたいことがあるときは、現在完了形で考えてください。そうすれば自分が思っていることが実現します。」というようなことが書いてある本を見かけます。

もしあなたが現在完了形という勉強をしたことがなかったら、本に書いてあることが何のことかがさっぱりわからないということになります。

現在完了形とは、過去の状態を今ももっていると考えて、have ＋過去分詞形であらわすことができる法則

過去から今まで続いているという、現在完了形の継続用法を have ＋過去分詞形であらわせる法則

- 私はきのうからいそがしくしています。

私はずっといそがしい＋きのうから

I have been busy since yesterday.

I am busy now.

\+ I was busy yesterday.

I am was busy now yesterday.

have been busy since yesterday.

am was busy を have been busy

もっている　いそがしかった状態

と考えて、I have been busy とします。

次に now yesterday を since yesterday にします。

now が since にかわったのは since が〜から今までをあらわすことができるからです。この２つの部分を１つにすると、

〔英語〕I have been busy since yesterday.

私はいそがしくしています　きのうから今まで

〔日本語訳〕私はきのうからいそがしくしています。

現在完了形の継続用法で、
have ＋過去分詞形といっしょによく使うのが、
since 〜（〜から今まで）for 〜（〜の間）と覚えるとよい法則

- 私は２日間いそがしくしています。

I have been busy for two days.

現在完了形の継続用法で使うことができる動詞は、
状態をあらわす動詞である法則

	[原形]	[過去分詞形]
住んでいる	live〔リヴッ〕	lived〔リヴドゥッ〕
～を知っている	know〔ノーゥ〕	known〔ノーゥンヌ〕
～をもっている	have〔ヘァヴッ〕	had〔ヘァドゥッ〕
(～を) 勉強する	study〔スタディ〕	studied〔スタディドゥッ〕

- 私は丹波篠山に50年間住んでいます。
  I have lived in Tamba-Sasayama for fifty years.
- 私は５年前から酒井さんを知っています。
  I have known Ms. Sakai for five years.

５年前を five years ago と言うが、
現在完了形は ago と since をいっしょに使うことが
できないので、for five years（５年間）を使う法則

ここが知りたい

質問　なぜ、since と ago をいっしょに使えないのですか。

答え  これはむずかしい問題です。次のように考えてください。

since は、〔過去のある時点から今まで〕
という意味をあらわす単語で、five years ago は、
〔現在から５年前〕という過去にさかのぼる意味になります。
はたらきが正反対のことばなので、
いっしょに使うのはさけたほうがよい法則

質問　例外はないのですか。

答え  あります。

> **〔since ＋文章〕がきていて最後に five years ago が つけくわえられている場合、「私は５年前に、丹波篠山に来てからずっとここに住んでいます。」には ago を使うことができる法則**

- I have lived here since I came to Tamba-Sasayama five years ago.

> **since と過去をあらわすことば yesterday（きのう）、last year（去年）をいっしょに使うことはできる法則**

ここが知りたい

質問　last year（去年）と one year ago（１年前）は、意味がちがうのですか。

since last year（去年から今まで）は正しい英語で since one year ago（１年前から）はなぜ正しくないのですか。

答え  たとえば、今日が１月１日としたら、１日前の12月31日も last year ですが、one year ago は、去年の１月１日のことをあらわすので、意味がまったくちがうのです。

とにかく、語句に ago がくっついているときは使わないでください。

**現在完了形の経験用法は、
過去の経験を今も心に大切にもち続けているときに
使うことができる用法で、have ＋過去分詞形であらわす。
ever〔エヴァ〕今までに、never〔ネヴァ〕1 回も〜ない
といっしょに使うことが多い法則**

（1）あなたは今までに東京タワーを見たことがありますか。
Have you ever seen Tokyo Tower?

（2）私は前に東京タワーを見たことがあります。
I have seen Tokyo Tower before.

（3）私は１回も東京タワーを見たことがありません。
I have never seen Tokyo Tower.
I have not ever seen Tokyo Tower.

（4）私は１回だけライオンを見たことがあります。
I have seen a lion only once.

〔語句〕

１度、１回　once〔ワンスッ〕　〜だけ　only〔オーゥンリィ〕

２度、２回　twice〔チューワーィスッ〕

３度、３回　three times〔すゥリー　ターイムズッ〕

ここが知りたい

質問　three times（３度、３回）と言えるのであれば、one を one time, twice を two times と言うこともできるのですか。

答え  すばらしい質問ですね。次のように考えてください。

once のかわりに one time, twice のかわりに two times も使うことができる法則

Have you ever ～？と聞かれたときは、「いいえ、１回もありません。」と答えたいときは、No, I haven't. と No, I never have. と No, never. の３つの答え方がある法則

「今までにライオンを見たことがありますか。」

"Have you ever seen a lion?"

「はい、あります。私は去年上野動物園でライオンを見ました。」

"Yes, I have. I saw one at Ueno Zoo last year."

「いいえ、私は１回もライオンを見たことはありません。」

"No, I have never seen one."

「いいえ、１回もありません。」

"No, I haven't."

"No, I never have."

"No, never."

ここが知りたい

質問　なぜ、No, I have never. と言わないのですか。

答え　　よい質問ですね。次のように考えてください。

英語では、英文の最後の単語を強く言います。
I have never seen one. をもっと強く言いたいときは、
I never have seen one. となり、seen one を
省略しているのです。英語では、否定語を強く言うのと同時に
否定語の次にくる単語を強く言います。
このことから、No, I never have. となっている法則

「私は〜へ行ったことがある。」を I have been to 〜.
であらわすことができる法則

- あなたは今までに熊本城へ行ったことがありますか。
  Have you ever been to Kumamoto Castle?
- 私は熊本城へ行ったことが２回あります。
  I have been to Kumamoto Castle twice.

ここが知りたい

質問　go の過去分詞形の gone を使うことはできないのですか。

答え  できないことはありません。

have gone には、「〜に行ってしまって今はここにいない」
のような意味があるので、「〜へ行ったことがある」
は have been to と中学校の英文法では教えている法則

質問　できないことはないというのはどういう意味ですか。

答え  実際には使われています。

アメリカでは、have gone to を have been to のかわりに使うことがある法則

- 私は丹波篠山に行ったことがある。

  I have gone to Tamba-Sasayama.

質問　結局、どのように覚えておけばよいのですか。

答え  次のように覚えておいてください。

テストなどでは、have been to ～(～へ行ったことがある)を使って解答したほうがよい法則

ここが知りたい

質問　have gone to ～. （～へ行ってしまって今ここにいない）を学校英語では教えているということですが、どう考えても矛盾していると思います。

　さきほど、I have gone to Tamba-Sasayama. という英語で（私は丹波篠山へ行ったことがある。）をあらわせることを習いましたが、たとえば、私が次のように言ったとします。

　「私は黒井城へ行ったことがあるのですよ。」

　“I have gone to Kuroi Castle.”

　私はここにいて黒井城に行ったことがある。と言っているので、「黒井城へ行ってしまっていて、今ここにはいない。」という意味になるはずがないと思います。

答え  おっしゃる通りです。

主語がＩとYou以外のときであれば、have gone toで（～へ行ってしまって今ここにいない）が当てはまると覚えておくとよい法則

- あなたは今まで黒井城へ行ったことはありますか。
  Have you ever gone to Kuroi Castle?
- 赤井君は黒井城に行って今ここにはいませんよ。
  Mr. Akai has gone to Kuroi Castle.

現在完了形の完了用法は、already（もうすでに）、just（ちょうど）を使って何かが完了したことをあらわすことができる法則

- 私はちょうど昼食をとったところです。
  I have just eaten lunch.
  アーィ ハヴッ ヂァスティートゥン ランチッ
- 私はもう（すでに）昼食をとりました。
  I have already eaten lunch.
  アーイ ハヴォーゥレディ イートゥン　ランチッ

現在完了形の完了用法で、〔Have you ＋過去分詞形＋文〕の最後にyetを使って、「もう～しましたか」、〔have not ＋過去分詞形＋ yet〕で「まだ～していません」をあらわすことができる法則

- あなたはもう昼食をとりましたか。
  Have you eaten lunch yet?

- 私はまだ昼食をとっていません。

I have not eaten lunch yet.

〔発音〕yet〔いエッ・〕

ここをまちがえる

- 私はちょうどこの本を読んだところです。

I have just read this book.

ゥレッ・

- 私はこの本をちょうど読み終えたところです。

I have just finished reading this book.

フィニッシトゥッ ゥリーディン・

（解説）finished を使うと reading になります。

《英会話で感情をあらわしたい人のための完了用法》

still haven't ＋過去分詞形で、いらだちの気持ちをあらわして「まだ〜していない」をあらわすことができる法則

- 私はまだ昼食をとっていないのですよ。

I still haven't eaten lunch.

アーィ スティオ ヘァヴン・イートゥン ランチッ

Have you ＋過去分詞形＋ already? でおどろいた気持ちをあらわして、「あなたはもう〜したのですか」をあらわす法則

- あなたはもう昼食をとったのですか。

Have you eaten lunch already?

ここが知りたい

質問　ここで紹介してある表現は、学校では習わないのですか。

答え  はい、習いません。高校でも習わない可能性もあります。

現在完了形の結果用法とは、完了した動作の状態がそのまま残っているということを〔have ＋過去分詞形〕であらわすことができる法則

- トニーさんは歌手になって、今も歌手をしています。

  Tony has become a singer.

- 私は私の腕時計を失ったままです。

  I have lost my watch.

ここが知りたい

質問　現在完了形の完了と結果の区別ができるでしょうか。

答え  あまり気にすることはないと思いますが、区別ができないこともよくあります。

質問　現在完了形の用法が４つありましたが、１つの現在完了形の英語がいろいろな用法で使われていることはないのですか。

答え  あります。次のように考えてください。

話の流れによって、１つの現在完了形の英文が、経験、継続、完了、結果の意味になることがあるので、あまり用法には気にしすぎることはない法則

- I have lived in Tokyo for ten years.

  ① 私は10年前に住み始めて今も住んでいますよ。

  〔完了用法、結果用法〕

  ② 私は10年間東京に住んでいます。〔継続用法〕

  ③ 私は10年間東京に住んでいたことがあります。〔経験用法〕

ここが知りたい

質問　I have lived here for five years. は継続用法だと習いました。継続用法だけしかあらわしていない英文はあるのですか。

答え  あります。次のように言えばよいのです。

I have lived here for the〔past, last〕five years.
または I have lived here for five years now.
という英語だと継続の意味しかあらわさない法則

- 私は過去５年間ここに住んでいます。

  I have lived here for the past five years.

- 私は最近〔ここ〕５年間ここに住んでいます。

  I have lived here for the last five years.

- 私は今までここに５年間住んでいることになります。

  I have lived here for five years now.

〔語句〕過ぎたばかりの、最近の　the past〔ざァ ペァ スッ トゥッ〕
最近の、この　the last〔ざァ レァ スッ トゥッ〕

〈これを知っているとすごいよ〉

- 私はこの〔最近の〕５年間ここに住んでいます。

I have lived here these five years.

theseに「この」「最近の」という意味があるので、these five yearsで「この５年間」をあらわすことがあるが、アメリカ英語では使わない法則

これだけは覚えましょう

- あなたは何回松本城を訪(おとず)れたことがあるのですか。

How many times have you visited Matsumoto Castle?
ハーゥ　メニィ ターィムッズッ　ハヴュー ヴィズィッティッドゥッ　マツモト　キャソー

- あなたは何回松本城へ行ったことがあるのですか。

How often have you visited Matsumoto Castle?
ハーゥ オーフンヌ

- あなたはいつからここに住んでいますか。

How long have you lived here?

Since when have you lived here?

How many times = How often =「何回」をあらわす法則

How long = Since when ―「いつから」「どれぐらい」をあらわす法則

ここが大切

この本では、**「何度」**ということばを使わずに**「何回」**を使っています。

その理由は、

- 私は君の顔を2度と見たくないよ。

I never want to see your face again.

上の文のように、ここから先にしたくないことをあらわすときに**「度」**を使うので、あえて**「回」**を使っています。

日本語の「～しちゃった」という日本語は、現在完了形の結果をあらわしている法則

- 私は私の英語の教科書を家に置いてきちゃった。

I've left my English textbook at home.
アーィヴッ レフッ・マーィ イングリッシッ テクス・ブックッ アッ・ホーゥムッ

解説します。

'veは、haveの省略形、leftのt、textのt、atのtは、はっきり発音しないほうが英語らしく聞こえます。

アメリカ英語では、ever, never, already, yet などといっしょに使って、現在完了形のかわりに過去形を使うことがある法則

- あなたは今までに丹波篠山(たんばささやま)に行ったことがありますか。

Have you ever gone to Tamba-Sasayama?　〔アメリカ英語〕

Have you ever been to Tamba-Sasayama?

Did you ever go to Tamba-Sasayama?〔アメリカ英語〕

- 「あなたは今までに熊本城を訪れたことがありますか。」

“Have you ever visited Kumamoto Castle?”

“Did you ever visit Kumamoto Castle?”

- 「はい、１回だけあります。」

“Yes, I have only once.”

“Yes, I did only once.”

- 「いいえ、まだありません。」

“No, I haven’t yet.”

“No, I didn’t yet.”

just（ちょうど今）は現在完了形のかわりに
過去形を使うこともできるが、
just now（たった今）は過去形でしか使えない法則

- 私はちょうど今着いたところです。

I have just arrived.
アーィ ハヴ ヂァスタゥ ラーィヴドゥッ

I just arrived.

- 私はたった今ここに来ました。

I came here just now.

today（今日）と this morning（今朝）は、
現在完了形で今のこととして、
過去形で過去のこととして使うことができる法則

〔today を現在のこととしてとらえている場合〕

● 私は今日はずっといそがしいね。

I have been busy today.

〔today を過去のこととしてとらえている場合〕

● 私は今日はいそがしかった。

I was busy today.

〔this morning を現在のこととしてとらえている場合〕

● 私は今朝はまだ新聞を読んでいない。

I haven't read the paper this morning yet.
アーイ ヘァヴン・ゥレッ・ ざ ペーィパァ ずィスッ・ モーニン・ いエッ・

〔this morning を過去のこととしてとらえている場合〕

● 私は今朝は新聞を読まなかった。

I didn't read the paper this morning.

**when「いつ」は、現在完了形では使えないが、
since when は「いつから」という意味で
how long のかわりに使うことができる法則**

● いつあなたはここに住んでいましたか。

When did you live here?
ウェン ディッヂュ リヴィアァ

● いつからあなたはここに住んでいますか。

Since when have you lived here?

How long have you lived here?

have been to は、「～へ行って帰ってきたところだ」、
have gone to は「～へ行って今ここにいない」の法則

- 私はちょうど東京タワーへ行って来たところです。

  I have just been to Tokyo Tower.

- 直美さんは東京タワーへ行って、今はここにいません。

  Naomi has gone to Tokyo Tower.

一時的にずっと～にいる場合は、have been in ～，
長期的にずっと～に住んでいるときは、have lived in ～の法則

- 私はきのうから丹波篠山にいます。

  I have been in Tamba-Sasayama since yesterday.

- 私は丹波篠山に５年間住んでいます。

  I have lived in Tamba-Sasayama for five years.

Where have you been?（どこへ行ってたの。）
と聞かれたときの I have been to ～．は、
～へ行って帰ってきたところだ、という意味しかない法則

「あなたはどこへ行っていたの。」

“Where have you been?”

「スーパーへ行って、帰ってきたところです。」

“I have been to the supermarket.”〔スーパァマーケッ・〕

「お元気ですか。」は How are you?、「お元気でしたか。」は
How have you been? と覚えるとよい法則

練習問題

〔1〕次の（　　　）に適語を入れてください。

（1）私はきのうから（ずっと）いそがしい。

I（　　　）（　　　）busy（　　　）yesterday.

（2）私は3年前から丹波篠山に住んでいます。

I（　　　）（　　　）in Tamba-Sasayama（　　　）three years.

（3）あなたは今までに熊本城を訪れたことがありますか。

(a)（　　　）you（　　　）（　　　）Kumamoto Castle?

(b) Did you（　　　）（　　　）Kumamoto Castle?〔アメリカ英語〕

（4）あなたは今までに篠山城へ行ったことはありますか。

(a)（　　　）you（　　　）（　　　）（　　　）Sasayama Castle?

(b)（　　　）you（　　　）（　　　）（　　　）Sasayama Castle?〔アメリカ英語〕

（5）あなたはもうこの本を読みましたか。

（　　　）you（　　　）this book（　　　）?

（6）もうあなたはこの本を読んだんですか。〔驚いて〕

（　　　）you（　　　）this book（　　　）?

（7）私はまだこの本を読み終えていません。

I（　　　）finished（　　　）this book（　　　）.

（8）私はまだこの本を読み終わっていないんですよ。〔イライラして〕

I（　　　）（　　　）（　　　）（　　　）this book.

解答と解説

（１）have been、since

（２）have lived、for

（３）（a）Have、ever visited　（b）ever visit

（４）（a）Have、ever been to　（b）Did、ever go to

（５）Have、read、yet

（６）Have、read、already

（７）haven't reading、yet　finish の次には動詞の ing 形がきます。

（８）still haven't finished reading

〔２〕次の日本語を英語にしてください。

（１）トニーさんは先生になった。

（２）トニーさんは先生になって今も先生をしています。

（３）私は私のペンを失った。

（４）私は私のペンを失っちゃった。〔今もない〕

（５）悟朗さんは東京に行ってしまった。〔ここにいない〕

（６）悟朗さんはきのう東京に行った。

（７）私はちょうど東京に行って帰ってきたところです。

解答と解説

（1）Tony became a teacher.

（2）Tony has become a teacher.

（3）I lost my pen.

（4）I have lost my pen.

（5）Goro has gone to Tokyo.

（6）Goro went to Tokyo yesterday.

（7）I have just been to Tokyo.

I have been to Tokyo. だけだと「私は東京に行ったことがある。」と区別ができません。

〔3〕次の（　　　）に適語を入れてください。

（1）あなたはもう昼食をとりましたか。

（　　　）you eaten lunch（　　　）？

（2）私はまだ昼食をとっていません。

I（　　　）eaten lunch（　　　）.

（3）私はちょうど昼食をとったところです。

I have（　　　）eaten lunch.

（4）私はもうすでに昼食をとりました。

I have（　　　）eaten lunch.

解答と解説

（1）Have、yet　（2）haven't、yet　（3）just　（4）already

昼食をとる＝昼食を食べるの意味ですが、昼食の食と食べるが重なるので、昼食をとるにしてあります。

eaten のかわりに had も使えます。

〔4〕次の（　　　）に適語を入れてください。

（1）あなたはどこに行っていたのですか。

Where have you（　　　）?

（2）あなたはどれぐらいここにいるのですか。

（　　　）（　　　）have you（　　　）here?

（3）あなたはどれぐらいここに住んでいるのですか。

（　　　）（　　　）have you（　　　）here ?

（4）あなたは何回東京タワーを訪れましたか。

（　　　）（　　　）（　　　）have you visited Tokyo Tower?

解答と解説

（1）been　（2）How long〔Since when〕、been

（3）How long〔Since when〕lived

（4）How many times

どれぐらいはいつからと考えることができるので、Since when も答えになります。

〔5〕次の英語の中にまちがっているものが１つあります。その記号を選び、正しい英文に書きかえてください。

(a) I have just arrived.

(b) I have arrived just now.

(c) I just arrived.

(答え)（　　　）______________________

解答と解説

（b）I arrived just now.

just now は、過去をあらわすことばなので、過去の文で使います。

〔6〕次の動詞の原形と過去分詞形を〔　　　〕に入れてください。

	原形	過去分詞形
（1）～を食べる	〔　　　〕	〔　　　〕
（2）住む、住んでいる	〔　　　〕	〔　　　〕
（3）行く	〔　　　〕	〔　　　〕
（4）～を勉強している	〔　　　〕	〔　　　〕
（5）～を知っている	〔　　　〕	〔　　　〕
（6）～をもっている	〔　　　〕	〔　　　〕

解答と解説

（1）eat、eaten〔have、had〕（2）live、lived（3）go、gone

（4）study、studied（5）know、known（6）have、had

have には、「～をもっている」、「～を食べる」、の２つの意味があります。

「～をもっている」は、進行形にできませんが、「～を食べる」の意味なら進行形にすることができます。

20 現在完了形と現在完了進行形のちがいについて理解しよう

ここからは、現在完了形と現在完了進行形のちがいについて勉強したいと思います。

この２つの区別を理解するためには動詞のとくちょうを知る必要があります。

動詞には、動作(どうさ)をあらわす動詞と状態(じょうたい)をあらわす動詞があり、状態をあらわす動詞の過去分詞形を使って、現在完了形の継続の用法を have ＋過去分詞形であらわすことができる法則

- 私は酒井さんを５年前から知っています。

I have known Ms. Sakai for five years.

現在完了進行形は、動作をあらわす動詞に ing をつけて形容詞のはたらきをする単語にかえることによって、〔have been ＋動詞 ing〕で、過去から今まで「ずっと～している」状態をあらわせる法則

- 私は今朝からずっと勉強をしています。

I have been studying since this morning.

ここが知りたい

質問　よく使われる〔状態をあらわす動詞〕を教えてください。

答え  わかりました。

これだけは覚えましょう

	〔現在形〕	〔過去形〕	〔過去分詞形〕
(～を)知っている	know(s)－	knew－	known〔ノーゥンヌ〕
～をもっています	have[has]－	had－	had
住んでいる	live(s)－	lived－	lived
～が好きです	like(s)－	liked－	liked
～が大好きです	love(s)－	loved－	loved
～がある、～がいる	is, am－	was－	been
～がある、～がいる	are－	were－	been

「ずっと～している」という意味の動詞が状態をあらわす
動詞と考えればよい法則

1時的にしているという意味の単語が形容詞
または　動詞の ing 形のとき、
形容詞のはたらきをしていると覚えればよい法則

- 私は今朝(けさ)からずっといそがしい。
  I have been busy since this morning.
- 私の母は２時間ピアノをひいています。
  My mother has been playing the piano for two hours.

ここが知りたい

質問　動作をあらわす動詞がどんなものかを見破るよい方法はありますか。

答え  あります。

- (～を) 食べる　eat － ate〔エーィ トゥッ〕－ eaten〔イートゥ ンヌ〕

　口が動くので、動作をあらわす動詞。

　このように考えると、次のような法則にたどりつきます。

体の1部を動かして何かをする動詞は、
動作動詞だと考えることができる法則

- はたらく　work － worked － worked

　この動詞で考えてみましょう。

　「はたらく」ということは、頭を使ってはたらくか、体を使ってはたらくので、動作動詞であることがわかります。

ここをまちがえる

　ただし、動作と状態のどちらの意味ももっている動詞があるので、そのときと場合によって、動詞に ing 形を使って、現在完了進行形にするか現在完了形にするかを決めてください。

(1) 私は英語を6年間勉強しています。

　I have studied English for six years.

(2) 私は今朝から英語をずっと勉強しています。

　I have been studying English since this morning.

解説します。

（1）の場合は、休むときもあったけれども、6年前から英語の勉強をしているという意味。（2）の場合は、今朝からずっと続けて英語を勉強しているので、現在完了進行形がぴったりなのです。

ここが知りたい

質問　どんな場合に、動作と状態のどちらの意味もあらわすことがあるのですか。

答え  次のように考えるとよくわかると思います。

同じ動詞でも、習慣で使う場合は、状態動詞で、
動詞に ing をつけて一時的なことをあらわしているときは、
動作動詞だと考えればよい法則

- トニーさんは英語を教えています。〔習慣〕
  Tony teaches English.
- トニーさんは今英語を教えています。〔一時的〕
  Tony is teaching English.

ここが知りたい

質問　同じ動詞を使っても現在完了形で使う場合と、現在完了進行形で使う場合とでは、意味がちがうときもあるのですか。

答え  あります。次のような場合は、まったく意味がちがってきます。

have の次に動作をあらわす動詞の過去分詞形を置くと、完了の意味をあらわす現在完了形になる法則

〔動作をあらわす場合〕

- 私はこの本を読みましたよ。

  I have read this book.

〔動作動詞に ing をつけて状態をあらわす場合〕

- 私はこの本をずっと読んでいて、今も読んでいます。

  I have been reading this book.

これだけは覚えましょう

- ここ３日、毎日雨が降っています。

  It has rained every day for the last three days.

  〈ヒント〉last　最近の、この

- 今朝からずっと雨が降っています。

  It has been raining since this morning.

この２つの例文のように、It has rained と It has been raining のどちらも使われているものもあります。

It has rained のほうは、雨が降っている状態をくり返していることをあらわしています。

練習問題

〔1〕次の動詞は動作と状態のどちらをあらわしているかを［　　　］に書いてください。どちらもあらわせる場合は、両方と書いてください。

（1）（～を）食べる　eat　［　　　　　　　　］

（2）（～を）教える　teach　［　　　　　　　　］

（3）（～を）勉強する　study　［　　　　　　　　］

（4）（～を）知っている　know　［　　　　　　　　］

（5）（～を）もっている　have　［　　　　　　　　］

（6）はたらく　work　［　　　　　　　　］

解答と解説

（1）両方　（2）両方　（3）両方　（4）状態　（5）状態　（6）両方

習慣をあらわすのは、状態。動きをあらわすのは動作で、ing をつけることで一時的な状態をあらわすことができます。

〔2〕次の英文を正しく書き直してください。

（1）私は直美さんを５年前から知っています。

I have been knowing Naomi for five years.

____

（2）私はこの自転車を５年前からもっています。

I have been having this bike for five years.

____

（3）私はこの本をずっと読んでいます。

I have read this book.

____

解答と解説

（1）I have known Naomi for five years.

（2）I have had this bike for five years.

（3）I have been reading this book.

know と have は状態動詞なので、ing をつけることはできません。

read は動作動詞なので、ing をつけて、読んでいるという意味をあらわしています。

〔3〕次の（　　　）に適語を入れて、日本語と同じ意味になるようにしてください。

（1）今朝からずっと雨が降っています。

It（　　　　）（　　　　）（　　　　）（　　　　）this morning.

（2）この３日間、毎日雨が降り続いています。

It（　　　　）（　　　　）every day（　　　　）the last three days.

解答と解説

（1）has been raining since　（2）has rained, for

for the last three days の last は、この、最近の、という意味で使われています。last のかわりに past を使うこともできます。

for を省略することもできますが、中学校では for を使うように指導しています。

21 関係代名詞の使い方をマスターしよう

ここからは、関係代名詞について勉強します。関係代名詞とは、名詞と代名詞の関係を利用して、２つの英文を１つにするときに使う便利な文法です。

関係代名詞は人称代名詞（にんしょうだいめいし）の主格（しゅかく）のかわりに使えるwho、所有格のかわりに使えるwhose、目的格のかわりに使えるwhomがある法則

- あの少年は私を知っている。〔文〕

That boy knows me.
He（主格）

- 私を知っているあの少年　〔かたまり〕

that boy who knows me
he（主格）

- あの少年の名前はトニーです。〔文〕

That boy's name is Tony.
His（所有格）

- トニーという名前のあの少年　〔かたまり〕

that boy whose name is Tony
his（所有格）

- 私はあの少年を知っています。〔文〕

I know that boy.
him（目的格）

- 私が知っているあの少年〔かたまり〕

that boy whom I know
him（目的格）

名詞のところが、he なら who、his なら whose、him なら whom に書きかえる法則

that boy のように who、whose 、whom の前にある名詞のはたらきをする語句のことを先行詞という法則

that boy の次の who、whose、whom を見たら、どんな少年かなと思って、〜のあの少年のような名詞のはたらきをするかたまりにすればよい法則

- that boy　who　knows me
あの少年〈どんな少年〉私を知っている＝私を知っているあの少年

- that boy　whose　name is Tony
あの少年〈どんな少年〉名前がトニー＝トニーという名前のあの少年

- that boy　whom　I know
あの少年〈どんな少年〉私が知っている＝私が知っているあの少年

〈だれが〉という疑問が生またら who、〈だれの〉という疑問が生まれたら whose を使って同じ意味のかたまりにすることができる法則

《この法則の使い方の例》

黒い髪をしているあの少年〔かたまり〕

あの少年は黒い髪をしています。〔文〕

That boy has dark hair.

黒い髪をしています〈だれが〉

〔英訳①〕that boy〈who〉has dark hair〔かたまり〕

黒い髪のあの少年

あの少年の髪は黒い。

That boy's hair is dark.

の髪は黒い〈だれの〉

〔英訳②〕that boy〈whose〉hair is dark〔かたまり〕

boy's の s を消して、そのかわりに whose を入れます。

長沢式　2つの英文をくっつけて1つにする方法を紹介します。

はじめから＿＿＿＿から＿＿＿＿へ　右、左の法則

この公式の使い方を説明します。

まず、左の英語の名詞のはたらきをするかたまりと右の英語の代名詞に＿下線＿を引きます。名前や私の父のようにはっきりしているものには、＿＿＿＿を引かないでください。

〔左の文〕	〔右の文〕
（1）I know that boy.	He is speaking English.
（2）I know that boy.	His name is Tony.
（3）That boy is Tony.	I know him.

次に、**はじめから＿＿＿＿から＿＿＿＿へ　右、左の法則**にしたがって、１つの英文にします。

（１）I know　that boy　He　is speaking English.
　　はじめから　線　線　右の文

（２）I know　that boy　His　name is Tony.
　　はじめから　線　線　右の文

（３）That boy　him　I know　is Tony.
　　線　線　右の文　左の文

（１）と（２）は、はじめからとなっているので、I know からはじめて、線から線の部分の英語を書いて、右の部分の英語を書きます。

（３）は、はじめからと＿＿＿＿が重なっているので、＿＿＿＿から＿＿＿＿へ　右の文、左の文の順番にくっつけます。

最後に、He を who に、his を whose、him を whom に書きかえます。

（１）I know that boy who is speaking English.

（２）I know that boy whose name is Tony.

（３）That boy whom I know is Tony.

これで１つの英文にしたことになります。

はじめから＿＿＿＿から＿＿＿＿へ　右、左の法則

この法則の使い方を紹介します。

前は、先行詞が人の場合を勉強しました。今回は、先行詞が物または　動物の場合について説明します。まず、左の英文の名詞のはたらきをするかたまりと、右の英文の代名詞に下線を引きます。名前には＿＿＿＿を引かないでください。

（1）That dog is Pochi. I have it.
（2）I have a dog. Its name is Pochi.
（3）I like this dog. It is pretty.

次に、**はじめから________から________へ　右、左の法則**にしたがって１つの英文にします。

（1）That dog　it　I have　is Pochi.
　　はじめから　線から線へ右の文　左の文

（2）I have　a dog.　Its　name is Pochi.
　　はじめから　線から　線へ　右の文

（3）I like　this dog.　It　is pretty.
　　はじめから　線から　線へ　右の文

最後に、it（それは、主格）のときは、which、its（それの、所有格）it（それを、目的格）は which にかえます。

（1）That dog which I have is Pochi.
（2）I have a dog whose name is Pochi.
（3）I like this dog which is pretty.

先行詞が物や動物の場合、it になるときは、which、its になるときは、whose になる法則

質問〔はじめから________から________へ　右、左の法則〕は、２つの英文があったら、まず、左の英文の名詞のはたらきをしていることばに________を引いて、次に右の英文の代名詞に________を引き、〔はじめから〕となっていたら、左の英文のはじめから英文を書いて、１つめの________、次に２つめの________に英文を書いて、

右の英文の残りを書いて、最後に左の英文の残りを書くとよいのですね。

あとは､代名詞を主格（he）ならば､who に､所有格（his）ならば､whose、目的格（him）ならば、whom を代名詞のかわりに書きかえれば、完成ということでしょうか。

答え  その通りです。大事なことは、左の英文が残らないで、右の英文しか残らないときもあるので、そのようなときは、ただ右の英文をうつすだけでよいということです。

次に、関係代名詞を使って、日本語を英語に訳す方法について勉強します。

大きい名詞のはたらきをするかたまりがあるとき、
かたまりの部分に線を引き、
説明のところを（　　　　）でくくるとよい法則

この法則の使い方を説明します。

（１）（私が知っている）あの少年はトニーです。

（２）私は（英語を話している）あの少年を知っています。

かたまりの部分を仮に A として、
残りの日本語を英語にするとよい法則

（１）A はトニーです。

（２）私は A を知っています。

Aが入った日本語を英語にするとよい法則

（1）Aはトニーです。　A is Tony.
（2）私はAを知っています。　I know A.

最後にAの部分を関係代名詞を使って英文をつくり、あてはめると完全な英文ができる法則

（1）（私が知っている）あの少年
That boy (whom I know) is Tony.
A

（2）（英語を話している）あの少年
I know that boy (who is speaking English).
A

Aのところを英語にする方法について解説をしておきます。

（1）（私が知っている）あの少年〔かたまり〕
私はあの少年を知っています。〔文〕
I know that boy.
代名詞にするとhimなので、whomを使って書きかえます。
that boy (whom I know)

（2）（英語を話している）あの少年〔かたまり〕
あの少年は英語を話しています。〔文〕
That boy is speaking English.
that boy (who is speaking English)
代名詞にすると、Heなので、whoを使って書きかえます。

ここが大切

営業用の名刺を a business card〔ビズネスッ カードゥッ〕と言います。

名刺のおもてには、名前が書いてあり、うらにはどんな人であるかがくわしく書いてあります。英語の関係代名詞を使って日本語を英語にするときも、まずは名前にあたる名詞を書いて次にどんな人かな　または　どんな物かなにあたる英語を書けば、名詞のはたらきをするかたまりを英語にすることができるのです。

（私が知っている）あの少年

あの少年　私が知っている

名刺のおもて［名詞］　名刺のうら［どんな人］

that boy whom I know

（英語を話している）あの少年

あの少年　英語を話している

名刺のおもて［名詞］　名刺のうら［どんな人］

that boy who is speaking English

ここが知りたい

質問　日本語を英語にするときは、まず名詞のはたらきをする大きなかたまりに＿＿＿を引いてから、大きなかたまりをAと仮に置いて、Aの入った日本語をふつうに英語に直して、最後にAのところに今英語に直したものを入れれば完成するということですね。

答え  その通りです。このように順番にやっていくと、まちがいが少なくなります。

１つ言い忘れていた法則があります。

日本語を英語にしたら、かならず英語を頭から、頭から日本語にしていって、はじめの日本語と同じになるかの確認をすれば、英作文に強くなれる法則

〔日本語〕私は英語を話すことができるあの少年を知っています。

〔英訳〕I know　that boy　who　can speak English.

私は知っている〈だれを〉あの少年〈どんな少年〉英語を話すことができる

このようにすれば、この英訳が、もとの日本語と同じであるということから自分が訳した英語が正しいということがわかるのです。

ここでは、英語を日本語に訳す方法について勉強します。

that boy のような名詞のはたらきをする語句の次に関係代名詞があれば、どんな少年かなという疑問が生まれて、動詞の ing 形(〜している)または過去分詞形(〜された)がきているときは、どんな少年かなという疑問が生まれるので、〜している〔〜された〕あの少年になる法則

that boy　who　is speaking English　〔かたまり〕

あの少年〈どんな少年〉英語を話している

That boy　is speaking English.　〔文〕

あの少年は　英語を話しています。

that boy　speaking English　〔かたまり〕

あの少年〈どんな少年〉英語を話している

That boy　　was saved by Tony.　〔文〕
あの少年は　トニーさんによって救助された。

that boy　　　　　　saved by Tony　〔かたまり〕
あの少年〈どんな少年〉トニーさんによって救助された

that boy の次に whom があれば、
どんな少年かなという疑問が生まれて、
that boy の次に I のような単語がきていると
どんな少年かなという疑問が生まれる法則

that boy whom　　I know
あの少年〈どんな少年〉私が知っている

that boy　　　　　I know
あの少年〈どんな少年〉私が知っている

次の(　　　　)に関係代名詞を入れる問題が出たときは、
〈だれが〉という疑問が生まれたら who、
〈だれの〉という疑問が生まれたら whose、
〈だれを〉という疑問が生まれたら whom になる法則

〈この法則の使い方〉

次の（　　　　）に who, whose, whom の中から1つ選んで入れます。まず、（　　　　）の次にきている英文を訳します。

（１）I know that boy (　　　　) is speaking English.
英語を話している

（２）I know that boy (　　　　) name is Tony.
名前はトニー

（３）That boy (　　　　) I know is Tony.
私が知っている

次にどんな疑問が生まれるのかを考えます。

（１）is speaking English
英語を話している　〈だれが〉　who

（２）name is Tony
名前がトニー　〈だれの〉　whose

（３）I know
私が知っている　〈だれを〉　whom

最後に（　　　　）に関係代名詞を入れます。

（１）I know that boy (who) is speaking English.

（２）I know that boy (whose) name is Tony.

（３）That boy (whom) I know is Tony.

関係代名詞を入れる問題が出たら、
ふつうの文なら who、「の」の文なら whose、
文をつくるのが無理なら whom の法則

〈この法則の使い方〉

次の（　　　　）に who、whose、whom の中から１つ選んで入れてください。

まず、次の下線のところがふつうの文か、のの文か、文をつくるのが無理かをみます。

（１）that boy（　　　　）is speaking English
（２）that boy（　　　　）name is Tony
（３）that boy（　　　　）I know

（１）は、あの少年は英語を話しています。というふつうの文なので、who
（２）は、あの少年の名前はトニーです。というの文なので、whose
（３）あの少年　私　となっているので、文をつくるのが無理なので、whom

先行詞が物や動物の場合は、「の」の文は whose、それ以外は which になる法則

まず、下線のところを日本語に訳して、のの文なら whose、それ以外は which になります。

（１）that dog（　　　　）swims well
（２）that dog（　　　　）name is Pochi
（３）that dog（　　　　）I have

（１）あのイヌはじょうずに泳ぐ、はふつうの文なので which
（２）あのイヌの名前はポチです、はのの文なので whose
（３）あのイヌ私、は文をつくるのが無理なので which

ここでは、関係代名詞の省略（しょうりゃく）について考えたいと思います。

関係代名詞の whose が入っていると
省略することができない法則

that boy whose　name is Tony
あの少年〈どんな少年〉名前がトニー

もし whose を消すと、that boy name is Tony となり、正しい英語になっていないので、文でもなく、かたまりでもないことから whose を省略することはできません。

関係代名詞の前の先行詞と関係代名詞の次の単語が
文にならないときは、省略することができる法則

that boy whom　I know
あの少年〈どんな少年〉私が知っている

whom を消しても、that boy I know となり文にはなっていないが、かたまりになるので、whom を省略することができます。

that boy　I know
あの少年〈どんな少年〉私が知っている

that dog which　I have
あのイヌ〈どんなイヌ〉私が飼（か）っている

which を消しても、that dog I have となり、文にはなっていないが、かたまりになるので、which を省略することができます。

関係代名詞の who is などや which is などを省略したとき、残りの単語が１単語の場合は、that〔１単語〕boy となり、２単語以上の場合は、that boy〔２単語以上〕としても、もとの英語と意味がかわらない法則

（１）泳いでいるあの少年

① that boy（who is）swimming
１単語（swimming）

② that swimming boy
１単語（swimming）

（２）あそこで泳いでいるあの少年

① that boy（who is）swimming over there
２単語以上（swimming over there）

② that boy swimming over there
２単語以上（swimming over there）

（３）救助されたあの少年

① that boy（who was）saved
１単語（saved）

② that saved boy
１単語（saved）

（４）直美さんによって救助されたあの少女

① that girl（who was）saved by Naomi
２単語以上（saved by Naomi）

② that girl saved by Naomi

ここが知りたい

質問　that boy のような名詞のはたらきをする語句があって、その次に動詞がきていると文で、先行詞の次に関係代名詞　または現在進行形（be ＋動詞の ing 形）や受動態（be ＋動詞の過去分詞形）の be 動詞がないときは、文ではなく、名詞のはたらきのかたまりになるので、「～するあの少年」、「～しているあの少年」、「～されたあの少年」のような名詞で終わるかたまりになるということですか。

答え　　その通りです。

質問　それから、次のパターンで that boy などの次に whom I know や that boy I know のように that boy whom や that boy I が文にならないので、that boy と I の間で〈どんな少年〉という疑問が生まれるので、かたまりになるということですね。

答え　　その通りです。英語は名詞の次に動詞や be 動詞がきていると文で、そうではないときは、かたまりになるということです。

文でなければ、かたまりになるということを理解することが１番大切なことです。

つまり、あの少年のところで、〈どんな少年〉という疑問が生まれて「～のあの少年」のようなかたまりになるということです。

《まとめ》

《関係代名詞》

主格	所有格	目的格	
who	whose	whom	先行詞が人
which	whose	which	先行詞が物や動物
that	×	that	who, whom, which のかわりに使える

《人称代名詞》

主格	所有格	目的格
he（彼が）	his（彼の）	him（彼を）

関係代名詞のどれを使うかは、次のように考えるとわかります。

that boy whom I know
　　him　私は知っている〈だれを〉

that boy who can swim
　　he　泳ぐことができる〈だれが〉

that boy whose name is Tony
　　his　名前がトニー〈だれの〉

ここが知りたい

質問　関係代名詞のまとめの表に that が出てきましたが、who, whom, which のかわりに使える that について教えてください。

答え  わかりました。次のように覚えておいてください。

that という関係代名詞は、
who, whom, which のかわりに使える法則

〔人の場合〕

- 英語を話しているあの少年

  that boy 〔who, that〕 is speaking English

- トニーという名前のあの少年

  that boy whose name is Tony

- 私が知っているあの少年

  that boy 〔whom, that〕 I know

〔動物の場合〕

- じょうずに泳げるこのイヌ

  this dog 〔which, that〕 can swim well

- ポチという名前のこのイヌ

  this dog whose name is Pochi

- 私が大好きなこのイヌ

  this dog 〔which, that〕 I love

the と that が兄弟関係にあるので、the ＋最上級＋名詞、the ＋ first〔second〕など＋名詞が先行詞になっているときは、who や whom、which のかわりに that がよく使われると覚えておくとよい法則

- これは私がもっている最高の車です。

  This is <u>the best car</u> <u>that</u> I have.

- あなたがここへ最初に来た生徒ですよ。

  You are <u>the first student</u> <u>that</u> came here.

ここが知りたい

質問 関係代名詞の中でよく使われるものと、使われないものがありますか。

答え  あります。次のように覚えておいてください。

関係代名詞の whom は文法的には正しいので、書きことばではよく使われるが、話しことばでは、whom のかわりに that を使うことが多い法則

- 私が知っているあの先生はとても親切です。

That teacher whom I know is very kind.
That teacher that I know is very kind.

話しことばでは、who や which を使わずに that を使う人が多い法則

- 私を好きなあの少年はトニーです。

That boy who likes me is Tony.
That boy that likes me is Tony.

- これが私が飼っているそのイヌです。

This is the dog which I have.
This is the dog that I have.

練習問題

〔1〕who, whose, whom, which, thatの中でもっとも適当な関係代名詞を1つ選び、次の（　　）に入れてください。

（1）私が好きなあの少年はトニー君です。

That boy（　　　　）I like is Tony.

（2）私を好きなあの少年はトニー君です。

That boy（　　　　）likes me is Tony.

（3）これが私がもっている1番よい車です。

This is the best car（　　　　）I have.

（4）あなたがここに来た最初の学生です。

You are the first student（　　　　）came here.

（5）黒い目をしているあの少女は直美さんです。

That girl（　　　　）has dark eyes is Naomi.

（6）黒い目のあの少女は直美さんです。

That girl（　　　　）eyes are dark is Naomi.

（7）私が飼(か)っているこのイヌはじょうずに泳ぎます。

This dog（　　　　）I have swims well.

解答と解説

（1）whom　（2）who　（3）that　（4）that

（5）who　（6）whose　（7）which

（　　　　）の次の語句を日本語に訳してどんな疑問が生まれるのかをみます。

（例）（1）I like（私は好きです）〈だれを〉のときは、whom。

（2）likes me（私を好きです）〈だれが〉のときは、who。

（3）the best car（1番よい車）、（4）the first student（最初の学生）のように1つしかないという意味をあらわしている

theがきているときは、thatがぴったりです。

（５）（６）eyes are dark（目は黒い）〈だれの〉のときはwhoseで、先行詞が人間ではないときは、whichかwhoseを入れます。

〔２〕次の２つの英文を関係代名詞を使って１つにしてください。

（１）This is the book.	I like it.
（２）I like that boy.	He swims well.
（３）That boy is Tony.	I like him.
（４）I have a dog.	Its name is Pochi.

解答と解説

（１）This is the book which I like.
（これが私が好きなその本です。）

（２）I like that boy who swims well.
（私はじょうずに泳ぐあの少年が好きです。）

（３）That boy whom I like is Tony.
（私が好きなあの少年はトニー君です。）

（４）I have a dog whose name is Pochi.
（私はポチという名前のイヌを飼（か）っています。）

まず左の文の名詞と右の文の代名詞に＿＿を引いてから、**はじめから＿＿から＿＿へ　右の文、左の文の法則**を使って１つにします。

最後にitならwhich、heならwho、himならwhom、itsならwhoseに書きかえると完成です。

〔3〕次の英文を関係代名詞を使わないで、同じ意味になるような英文に書きかえてください。

（1）走っているあの少年

that boy who is running

（2）あそこで走っているあの少年

that boy who is running over there

（3）救助されたあの少年

that boy who was saved

（4）悟朗さんによって救助されたあの少年

that boy who was saved by Goro

解答と解説

（1）that running boy

（2）that boy running over there

（3）that saved boy

（4）that boy saved by Goro

who is　または　who was を省略してから、that〔1単語〕boy〔2単語〕の法則を使って書きかえます。

〔4〕次の日本語を英語に直してください。

（1）黒い髪をしているあの少年　〔who を使って〕

（2）黒い髪のあの少年　〔whose を使って〕

（3）トニーという名前のあの少年　〔whose を使って〕

解答と解説

（1）that boy who has dark hair

（2）that boy whose hair is dark

（3）that boy whose name is Tony

ふつうの文なら who、のの文なら whose を使ってかたまりにすることができます。

22 間接疑問文の使い方をマスターしよう

ここからは、**間接疑問文**の勉強をしたいと思います。

疑問文には、直接疑問文と間接疑問文の2つのパターンがあります。

私たちが、中学1年生ではじめて英語を習うときに、肯定文（～です）、否定文（～ではない）、疑問文（～ですか）の3つのパターンがあるということを意識します。この疑問文が直接疑問文なのです。

ここで、はじめて勉強する間接疑問文は、英文の中に一部分が疑問文の意味が入っているので、間接疑問文と言っているのです。

〔if＋主語＋動詞〕で、「～かどうか」をあらわす法則

- 私は薫（かおる）さんが先生かどうか知っています。
  I know if Kaoru is a teacher.
- あなたがここに住んでいるのかを私に教えてください。
  Please tell me if you live here.
- あおいさんに私のことを好きかどうかたずねてください。
  Please ask Aoi if she likes me.

疑問詞のついた疑問文を〔疑問詞＋主語＋動詞〕にすると、1つの名詞のはたらきをするかたまりにかえることができる法則

- 悟朗さんはどこに住んでいますか。

  Where ＋ does Goro live?

- 悟朗さんがどこに住んでいるかということ

  where ＋ Goro lives

〔Do you know ＋名詞〕のはたらきをするかたまり？ 〔I don't know ＋名詞〕のはたらきをするかたまり。 のようにして使うことができる法則

- あなたは悟朗さんがどこに住んでいるか知っていますか。

  Do you know where Goro lives?

- 私は悟朗さんがどこに住んでいるのか知りません。

  I don't know where Goro lives.

「～が」ではじまる疑問文で、「～が」の部分にWhat（何が）、Who（だれが）のような疑問詞がきているときは、現在のことをあらわしているときには、動詞にはかならずsをつける法則

- 何がこの箱の中に入っていますか。

  What is in this box?

- だれがここに住んでいますか。

  Who lives here?

Who lives here? の w を大文字にすると疑問文で、小文字にすると名詞のはたらきをするかたまりになる法則

- だれがここに住んでいますか。〔疑問文〕

  Who lives here?

  だれがここに住んでいるかということ〔名詞のはたらきをするかたまり〕

  who lives here

- 私はここにだれが住んでいるのか知りたい。

  I want to know who lives here.

ここが知りたい

質問　なぜ、What や Who からはじまる疑問文の場合、現在のことをあらわす場合は、動詞に s をつける必要があるのですか。

答え  これはむずかしい質問ですね。次のように考えてください。

What（何が）、Who（だれが）からはじまる質問に対して、答えが１つの物、１人の人をあらわしている場合は動詞に s をつけますが、２つ以上の物、または２人以上の人を答えと考えられる場合には、動詞に s をつける必要はないのですが、中学校の英文法では、かならず動詞に s をつけるようになっている法則

練習問題

〔１〕次の英文の（　　　）に適語を入れてください。

（１）だれがここに住んでいるのですか。

Who (　　　　) here?

（２）私はだれがここに住んでいるか知っています。

I know (　　　　) (　　　　) here.

（３）何がこの箱の中に入っていますか。

(　　　　) (　　　　) in this box?

（４）あなたは何がこの箱の中に入っているのか知っていますか？

Do you know (　　　　) (　　　　) in this box?

（５）ここにだれが住んでいるのかトニー君にたずねてくださいよ。

(　　　　) (　　　　) Tony (　　　　) (　　　　) (　　　　).

解答と解説

（１）lives

（２）who lives

（３）What is

（４）what is

（５）Please ask、who lives here

疑問詞が、～がのところに入っているときは、並べる順番をかえる必要はありません。

〔2〕次の2つの英文をくっつけて1つにしてください。

（1）私はあなたがどこに住んでいるのか知りません。

I don't know + Where do you live?

____

（2）あなたは酒井さんが何の仕事をしているのか知っていますか。

Do you know + What does Ms. Sakai do?

____

解答と解説

（1）I don't know where you live.

（2）Do you know what Ms. Sakai does?

文の途中（とちゅう）に疑問文がくることはなく、かならず肯定文（ふつうの文）がきます。

23 仮定法の使い方を理解しよう

ここからは、仮定法について考えてみたいと思います。

「もし～ならば」からはじまる日本語を英語にするときには注意をしなければならないことがあります。

可能性があって、条件がそろえばできる場合は、条件をあらわす接続詞の if になる法則

もしあす雨が降れば、私は家にいます。

If it rains tomorrow, I will stay home.

ここが知りたい

質問　「もしあす雨が降れば、私は家にいます。」となっているのに、雨が降るところに will がきていないのはなぜですか。

答え  するどい質問ですね。

１つの英文の中に主語＋動詞が２つあるとき、一番言いたいことをあらわしているときのみ will を入れて、おまけのはたらきで情報をつけ加えただけの英文には will を入れずに現在形であらわす法則

質問　つまり、接続詞の if がついているほうの英文はつけ加えの英文であるということですか。

答え  その通りです。

接続詞 if（もし），after（〜したあとで），
before（〜する前に），when（〜したとき）などが
未来をあらわす英文で使われたとき、
will を使わずに現在形であらわすとよい法則

- 私がそこに着いたら、私はあなたに電話をしますよ。
  I'll call you when I arrive there.

ここまでは、中学校で昔から習っていた if なのですが、ここからはもう１つの使い方の if を勉強します。

それが**仮定法**なのです。

仮定法で使われる if は、
不可能であることがわかっているときに使う法則

- もし私が車をもっていたら、私は車で東京へ行けるのになあ。
  If I had a car, I could drive to Tokyo.

仮定法で使う if の場合には、
If ＋主語＋動詞の部分の動詞を過去形であらわす法則

**１番言いたいことをあらわしているところの
主語＋動詞のところの動詞の前に
could（～することができるかもしれない），
would（～するでしょう）を入れる法則**

- もし私が鳥だったら、私は東京へ飛んで行くのになあ。
  If I were［was］ a bird, I would fly to Tokyo.

ここが知りたい

質問　なぜ、不可能な場合に使われる if といっしょに使われる動詞や助動詞を過去にしてあるのですか。

答え  すばらしい質問ですね。

**可能性がない、または低い場合には、気持ちが過去のこと、
言いかえると遠い昔のことのように感じるから動詞
または　助動詞の過去形を使う法則**

質問　日本語にも英語の仮定法と同じように過去形を使うことはあるのですか。

答え  あります。

**日本語では、たを使って動詞の過去形を
無意識に使うことがあるのと同じで英語でも使っている法則**

例をあげておきます。

（1）もし私が一生懸命勉強すると、私はそのテストに受かるでしょう。

If I study hard, I will pass the test.

（2）もし私が一生懸命勉強したら、私はそのテストに受かるでしょう。

If I studied hard, I would pass the test.

解説をします。

（1）の英文は、一生懸命勉強することがあるということで、

（2）の英文は、一生懸命勉強することはありえない。と思っているということがわかります。

「したら」なので studied、同じように will ではなく would を使っているのです。

質問　If I were a bird, I would fly to Tokyo. の場合、I ならば、ふつうは I am の過去形の was になるはずなのに、were になっているのはなぜですか。

答え  もっともな質問ですね。

仮定法と、ただの過去のことをあらわす過去形とを区別するためだと覚えておくとよい法則

アメリカ英語では、I am のときの I was，Tony is のときの Tony was を I were, Tony were のかわりに仮定法でも was を使うことが多い法則

ここが大切

**その人にとって、可能なことは could、
不可能なことは would を使う法則**

例をあげておきます。

もし私がお金をもっていてら、私は君にダイヤのリングを買って〔あげられるのに、あげるのに〕。

（1）If I had money, I could buy you a diamond ring.

（2）If I had money, I would buy you a diamond ring.

（1）今お金をもっていない場合

（2）どこにもお金をもっていない場合

ここが知りたい

質問　If を使った仮定法の英文をほかの言い方で言いかえることはできないのですか。

答え  できます。

**since、as（～なので），so（だから）を使えば、
if からはじまる仮定法を利用した英文と
同じ意味になるように言いかえることができる法則**

- もし私が1,000円もっていれば、私はこの本を買うことができるのになあ。

  If I had one thousand yen, I could buy this book.

- 私は1,000円をもっていないので、私はこの本を買えません。
  Since［As］I don't have one thousand yen, I can't buy this book.
- 私は1,000円をもっていません。だから、私はこの本を買えません。
  I don't have one thousand yen, so I can't buy this book.

ここが知りたい

質問　as と since の使い分けはあるのですか。

答え  どちらを使ってもよいと思いますが、少しちがいがあります。

アメリカ英語では、since をよく使い、as はほとんど使わない法則

仮定法でよく使われるパターンがあります。

「私は～だったらよいのになあ」、「私が～できたらよいのになあ」、を〔I wish I+be動詞の過去形〕、〔I wish I could ＋動詞の原形〕であらわすことができる法則

- 私はアメリカ人だったらよいのになあ。
  I wish I were American.
- 英語が話せたらよいのになあ。
  I wish I could speak English.

ここが知りたい

質問　I wish の次に人以外のものがきている場合は、could のかわりに would がくることはあるのですか。

答え  あります。たとえば、「雨はやむでしょう。」の場合、It will stop raining. をもとの英文と考えて、次のような言い方ができます。

> **雨がやんだらよいのになあ。I wish it would stop raining. のように近い未来に使われる will の過去形の would を使うことができる法則**

ここが知りたい

質問　I wish からはじまる英文を仮定法を使わずにあらわすことはできないのですか。

答え  できます。

> **「残念だけど、私は～ではありません。」を I'm sorry (that) I am not ～. 「残念だけど、私は～できません。」を I'm sorry (that) I can't ～. であらわせる法則**

- 残念だけど、私はアメリカ人ではありません。
  I'm sorry (that) I'm not American.
- 残念だけど、私は英語が話せません。
  I'm sorry (that) I can't speak English.

質問　I’m sorry that I’m not American. の that は省略することができるのですか。

答え  できます。

〔I’m sorry that ＋単語や動詞.〕のように〔I’m ＋形容詞＋that ＋主語＋動詞.〕のパターンをとる英文では、話しことばでは、that を省略するのがふつうの法則

質問　I wish ～. とI’m sorry ～. の英文のどちらをよく使うのですか。

答え　**話しことばでは、I’m sorry ～. のほうを I wish ～. よりもよく使う法則**

ここからは、仮定法のまとめとして、日本語と英語の共通点について考えてみたいと思います。

日本語で、「私は背が高かった。」と相手が話すのを聞いたとき、「昔は背が高かったけれども、今は背が高くない。」と思います。このように、日本語でも過去のことをあらわすときにたを使います。

仮定法では、可能性がないとき、または　可能性が低いときに、動詞や助動詞の過去形を使うことがある法則

これだけは覚えましょう

- This is my bag.　これは私のかばんです。
- This must be my bag.　これは私のかばんにちがいない。
- This will be my bag.　これは私のかばんでしょう。
- This would be my bag.　（もしかしたら）これは私のかばんでしょう。

このように、will よりも would のほうが、可能性が低くなる例です。

仮定法では、過去形の助動詞を使って遠慮した言い方にすることもできる法則

- 窓を開けてくれますか。
  Will you open the window?
- 窓を開けていただけますか。
  Would you open the window?
- 窓を開けてもらえますか。
  Can you open the window?
- 窓を開けていただけますか。
  Could you open the window?

仮定法でよく使われる助動詞の would を使って遠慮してひかえめにいうことがある法則

- 私はそう思います。
  I think so.

- 私はそのように思うのですが。
  I would think so.

これでだいたいの仮定法の使い方がわかっていただけたのではないでしょうか。

質問　英語でも、ていねいな言い方とそうでない言い方があるということですか。

答え  そういうことです。日本語ほどではないのですが、英語でもていねいな表現や敬語にあたる言い方もあるのです。

ここが知りたい

質問　If からはじまっていなくても、I could ～　または　I would ～という言い方はできるのですか。

答え  すばらしい質問です。

「魚つりに行く」ということを言いたいときでも、行こうと思ったら行けるときは could、行こうと思っても行けないときは would を使ってあらわす法則

- I could [would] go fishing.

練習問題

〔1〕次の（　　　）に適語を入れてください。

（1）もしあすよい天気ならば、私はつりに行くつもりです。

If（　　　）a nice day tomorrow, I（　　　）go fishing.

（2）私は東京に着いたら、私はあなたに電話をしますよ。

I（　　　）call you when I（　　　）in Tokyo.

解答と解説

（1）it's、will　（2）will、arrive

条件がそろえば可能なことをあらわしているときは、if からはじまっていても現在形を使います。ただし、未来のことをあらわしているときは、if ではないほうに will を入れます。

〔2〕次の（　　　）に適語を入れてください。

(a) もし私が車をもっていたら、私は車で丹波篠山へ行ける〔く〕のになあ。

If I（　　　）a car, I（　　　）drive to Tamba-Sasayama.

(b) 私は車をもっていないので、私は車で丹波篠山へ行くことができません。

（　　　）I don't have a car, I（　　　）drive to Tamba-Sasayama.

(c) 私は車をもっていません。だから、私は車で丹波篠山へ行くことはできません。

I don't have a car,（　　　）I（　　　）drive to Tamba-Sasayama.

解答と解説

（a）had、could〔would〕（b）Since [As]、can't

（c）so、can't

いつも車はあるが、今は車がないのでという意味ならば、could, 車の運転ができないのならば would になります。

アメリカ英語では since をよく使いますが、as はほとんど使いません。

〔3〕次の（　　）に適語を入れてください。

（1）（a）直美さんがここにいたらよいのになあ。

I（　　）Naomi（　　）here.

（b）残念だけど、直美さんはここにいません。

I'm（　　）（　　）Naomi（　　）here.

（2）（a）あなたのように英語が話せたらよいのになあ。

I（　　）I（　　）speak English like you.

（b）残念だけど、私はあなたのようには英語を話すことができません。

I'm（　　）（　　）I（　　）speak English like you.

解答と解説

（1）（a）wish、was〔were〕（b）sorry that、isn't

（2）（a）wish、could （b）sorry that、can't

仮定法で、主語が I、He、She、It の場合には、文法的には were が正しいのですが、アメリカ英語では was を使うことが多い。

〔4〕次の（　　　）に適語を入れてください。

（１）これは私のペンです。

This（　　　　）my pen.

（２）これは私のペンにちがいない。

This（　　　　）（　　　　）my pen.

（３）これは私のペンでしょう。

This（　　　　）（　　　　）my pen.

（４）（もしかしたら）これは私のペンでしょう。

This（　　　　）（　　　　）my pen.

解答と解説

（１）is　（２）must be　（３）will be　（４）would be

will を過去形の would にすることによって、可能性を低くすることができます。

〔5〕次の（　　　）に適語を入れてください。

（１）(a) その窓を開けてくれますか。

（　　　　）you open the window?〔上司が部下などに使う〕

(b) その窓を開けていただけますか。

（　　　　）you open the window?

（２）(a) その窓を開けてもらえますか。

（　　　　）you open the window?〔仲間内で使う〕

(b) その窓を開けていただけますか。

（　　　　）you open the window?

解答と解説

（1）（a）Will （b）Would （2）（a）Can （b）Could

（1）上司が部下に使うとぴったりなのは、Will で、仲間内で使うのは Can

Will と Can を過去形の Would や Could にすると、ていねいな言い方になります。

ここが大切

中学校や高校のテストでは、どんなときに使うかは関係がないので、ていねいに言う必要のないときは Will または Can を答えにしてください。ていねいに言う必要があるときは Would または Could を答えにすれば満点がとれます。

著者紹介

長沢寿夫（ながさわ・としお）

1980 年　ブックスおがたのすすめで、川西、池田、伊丹地区の家庭教師をはじめる。
1981 年～ 1984 年　教え方の研究のために、塾・英会話学院・個人教授などで約 30 人の先生について英語を習う。その結果、やはり自分で教え方を開発しなければならないと思い、長沢式の勉強方法を考え出す。
1986 年　旺文社『ハイトップ英和辞典』の執筆・校正の協力の依頼を受ける。
1992 年　旺文社『ハイトップ和英辞典』の執筆・校正のほとんどを手がける。
［主な著書］『ワークシート版 中学校 3 年分の英語が教えられるほどよくわかる』（ベレ出版）
『とことんわかりやすく解説した中学 3 年分の英語』（ベレ出版）
『中学・高校 6 年分の英語が 10 日間で身につく本』（明日香出版社）

◉── カバーデザイン　OAK 小野 光一
◉── DTP　スタジオ・ポストエイジ
◉── カバー・本文イラスト　Kip
◉── 校正　林 千根　丸橋 一広
◉── 協力　和田 薫　池上 悟朗　長沢 徳尚　西良 元雄　浅原 律明　池上 正示　坂狩 由美

中学校（ちゅうがっこう） 3 年分（ねんぶん）の英語（えいご）が教（おし）えられるほどよくわかる

2020 年 11 月 25 日　初版発行
2024 年 6 月 24 日　第 8 刷発行

著者	長沢 寿夫（ながさわ としお）
発行者	内田 真介
発行・発売	ベレ出版 〒162-0832　東京都新宿区岩戸町12 レベッカビル TEL.03-5225-4790　FAX.03-5225-4795 ホームページ　http://www.beret.co.jp/
印刷	モリモト印刷株式会社
製本	根本製本株式会社

ISBN 978-4-86064-638-7 C2082　　編集担当　綿引ゆか

中学3年分の英語をマスターできる 103 の法則

長沢寿夫 著

四六並製／本体価格 1200 円（税別）■ 224 頁

ISBN978-4-86064-458-1 C2082

中学で習う英語のすべてをたった 103 の法則にまとめました。a のつけ方、英語の並べ方、自動詞と他動詞の見分け方、前置詞の使い方というような項目別に、やさしい要点解説付きで紹介していきます。また、それぞれの項目に確認問題がついていて、法則をきちんと理解できているかを毎回チェックします。法則としてあたまに入れていくことで、要点がしっかり整理され、英語のもっとも大事な基礎になる中学英語を体系的に身につけることができます。まったく英語がダメでも楽しく学べる一冊！

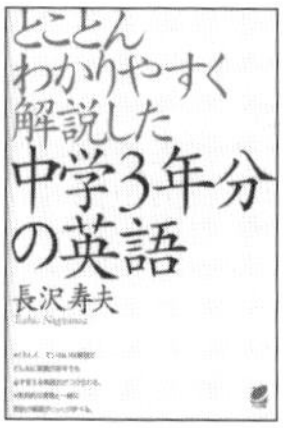

とことんわかりやすく解説した中学 3 年分の英語

長沢寿夫 著

四六並製／本体価格 1700 円（税別）■ 512 頁

ISBN978-4-86064-097-2 C2082

英語の基礎になる中学の文法項目を網羅し、豊富な例文と一緒にひとつひとつ詳しくていねいに解説していきます。文法は中学 1 年、 2 年、 3 年の順序ではなく、長沢式独自の解説方法で、英語が苦手な人でも、わかりやすく体系的に身につけられる構成になっています。じっくりと基礎を学びたい人、使える英語を身につけたい人にぴったりの本です。